Anette Töniges-Harms

Kriminalfälle in der Bibel

Material- und Aufgabensammlung
für die Sekundarstufe I

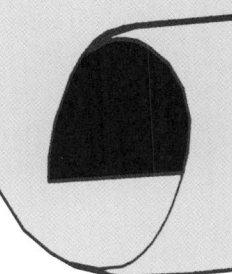

Auer Verlag GmbH

Gedruckt auf umweltbewusst gefertigtem, chlorfrei gebleichtem
und alterungsbeständigem Papier.

1. Auflage. 2006
© by Auer Verlag GmbH, Donauwörth
Alle Rechte vorbehalten
Das Werk und seine Teile sind urheberrechtlich geschützt. Jede Nutzung in anderen als den gesetzlich zugelassenen Fällen bedarf der vorherigen schriftlichen Einwilligung des Verlages. Hinweis zu § 52a UrhG: Weder das Werk noch seine Teile dürfen ohne eine solche Einwilligung eingescannt und in ein Netzwerk eingestellt werden. Dies gilt auch für Intranets von Schulen und sonstigen Bildungseinrichtungen.
Illustrationen: Gitta Langenmayr
Satz: Fotosatz H. Buck, Kumhausen
Druck und Bindung: Ludwig Auer GmbH, Donauwörth
ISBN 978-3-403-04562-5
ISBN 3-403-04562-5

www.auer-verlag.de

Inhaltsverzeichnis

(Die Zahlen in Klammern geben die Lösungsseiten an.)

Vorwort 5

1. Kapitel:
Der erste Totschlag in der Bibel: Kain erschlägt Abel

Steckbrief: Gesucht wegen Mordes 7 (97)
Die Tat: Kain erschlägt Abel 8 (97)
Streng geheim: Der Täter Kain und
sein Opfer Abel 10 (98)
Kains Reue 12
Das Tatmotiv: Eifersucht 13
Das Kriminalarchiv: Der Fall Kain . 14
Kain-Abel-Konflikte heute 15
Kriminalgeschichten aus aller Welt:
Todschlag aus Eifersucht 16

2. Kapitel:
Der schwere Betrug: Jakob hintergeht Vater und Bruder

Steckbrief: Gesucht wegen
schweren Betrugs 18 (99)
Rollenspiel Teil 1: Jakob hintergeht
Vater und Bruder 19
Rollenspiel Teil 2: Das Leben nach
dem Betrug 21
Die Reaktion auf den schweren
Betrug 22
Esaus Gefühle nach dem Betrug .. 24 (99)
Der neue Anfang 26
Das Kriminalarchiv: Der Fall Jakob 27
Kriminalgeschichten aus aller Welt:
Schwerer Betrug innerhalb
der Familie 28

3. Kapitel:
Der kaltblütige Menschenhandel: Josef wird von seinen Brüdern verkauft

Vermisstenanzeige eines Vaters:
Jakob sucht seinen Sohn 30
Das Verbrechen: Josef als Opfer
eines Menschenhandels 32 (100)
Die große Strafpredigt für die Brüder 33
Rache oder Vergebung? 34
Kriminalgeschichten aus aller Welt:
Kaltblütiger Menschenhandel 35

4. Kapitel:
Unschuldig im Gefängnis: Josef wird das Opfer einer Intrige

Schuldig oder unschuldig? 37
Der Betrug: Eine Frau
hintergeht Josef 38
Rollenspiel: Josef unschuldig
im Gefängnis 39
Ein Tag im Gefängnis 41
Das Kriminalarchiv:
Josef, das Opfer 42 (101)
Kriminalgeschichten aus aller Welt:
Justizirrtum 43

5. Kapitel:
Landraub und Mord: Streit um einen Weinberg

Eine tödliche Geschichte 45 (101)
Das Verbrechen:
Landraub und Mord 46 (102)
Die Reaktion Gottes 49 (102)
Die Reue der Zeugen 51
Der Sohn, der in der Fremde lebte 52
Die streng geheime Botschaft 53 (103)
Das Kriminalarchiv: Der Fall Ahab 55 (103)
Kriminalgeschichten aus aller Welt:
Landraub in Südamerika 56

6. Kapitel:
Die grausame Schlacht: David gegen Goliat

Die Sensation: Der Favorit scheitert
an einem Jungen aus
unserem Dorf 58
Die Bedrohung durch die Feinde .. 59 (104)
Davids Gespräch mit seinem Vater 62
Die grausame Schlacht 63 (104)
Urkunde für besonderen Mut 65
Ein Brief an David 66
Die Mutmachgeschichte 67
Das Kriminalarchiv: Die Schlacht
gegen die Philister 68
Kriminalgeschichten aus aller Welt:
Unterdrückung der Schwachen ... 69

7. Kapitel:
Ehebruch, Macht und Mord: David und Batseba

David – ein Mann mit Licht- und
Schattenseiten 71 (105)
Schlagzeilen: Ehebruch, Macht
und Mord 72
David und Batseba 73 (105)
Gottes Strafe für David 75 (106)
Das Kriminalarchiv: Ehebruch,
Macht und Mord 77
Kriminalgeschichten aus aller Welt:
Sex, Macht und Geld 78

8. Kapitel:
Sonderausgabe der Jerusalemer Nachrichten: Der Fall Jesus

Einführung in das Projekt 80
Interview mit Nikodemus, Zeuge des
heimtückischen Verrates an Jesus . 81
Interview mit Kaiphas, Mitglied
des Hohen Rates 83
Interview mit Judith, Zeugin der
Verleugnung durch Petrus 85
Interview mit Barabbas, dem
freigelassenen Verbrecher 87
Interview mit Simon von Zyrene,
Zeuge der Kreuzigung 89
Leserbriefe: Meinungen zum
Fall Jesus 91
Titelblatt der Sonderausgabe:
Der Fall Jesus 94
Freier Beitrag für die
Sonderausgabe: Der Fall Jesus . . 95

Lösungen 96

Literaturangaben 106

Vorwort

In der Bibel findet man zahlreiche Kriminalfälle. Morde, Überfälle, Betrügereien und Menschenhandel sind nur einige Beispiele für den Tatort Bibel.
Im Alten Testament erschlägt Kain seinen Bruder Abel, Jakob betrügt Isaak und Esau, Josef wird von seinen Brüdern nach Ägypten verkauft, Nabot wird getötet, David kämpft gegen Goliat und begeht auch Ehebruch. Und dann der Fall Jesus, über den im Neuen Testament berichtet wird. Die Erzählungen reichen vom heimtückischen Verrat über das grausame Todesurteil bis hin zur barbarischen Kreuzigung.
Gewalt wird in vielen Bibelstellen nicht ausgeklammert. Dabei ist zu berücksichtigen, dass die Bibel im Laufe von Jahrhunderten entstanden ist und dass die Verfasser Erfahrungen ihrer Zeit in die Texte mit einfließen ließen. In diesem Buch soll es aber nicht nur um den Bereich der Gewalt gehen, sondern auch um die Frage, welche alternativen Handlungsmöglichkeiten es damals gab und was die Texte uns heute sagen können. Es geht um Frieden und Gerechtigkeit.
In zahlreichen Fällen spielt Gott eine große Rolle. Daher ist zu klären, welche Funktion Gott im Kontext der jeweiligen Zeit einnimmt und wie er auf Unrecht reagiert. Viele Gewaltgeschichten sind gleichzeitig Geschichten der Hoffnung, in denen deutlich wird, dass Gott groß und geheimnisvoll, aber auch gütig und barmherzig ist. Am deutlichsten wird dies durch Jesus im Neuen Testament. Jesus, der Sohn Gottes, der Gewaltlosigkeit und Feindesliebe gelebt hat, wird grausam gekreuzigt. Er gibt nicht auf und betet sogar noch am Kreuz für seine Feinde. Am Ende siegt die Liebe Gottes durch die Auferstehung.

Die vorliegende Sammlung von Bibeltexten zeigt, dass ihre Lektüre auch heute noch interessant und spannend sein kann. Die Schüler und Schülerinnen lernen den biblischen Stoff durch vielfältige Arbeitsaufgaben kennen. Anhand von Rollenspielen, Tagebucheintragungen, verfremdeten Texten, Informationsblättern, Schreibmeditationen, Mind-Maps und Lückentexten beschäftigen sie sich mit den einzelnen Fällen. Täterfragen werden gestellt, Tatmotive gesucht, Tathergänge genau beschrieben und Fälle aufgeklärt.
Alle Arbeitsmaterialien sind als Kopiervorlagen konzipiert und können direkt im Unterricht eingesetzt werden. Zu zahlreichen Arbeitsblättern gibt es am Ende des Heftes abgedruckte Lösungen.

1. Kapitel

Der erste Totschlag in der Bibel: Kain erschlägt Abel

Steckbrief: Gesucht wegen Mordes

Vervollständige den Steckbrief mit Hilfe der Lückenwörter.

Gesucht wegen Mordes

Gesucht wird Kain, der Sohn von _____ und _____.

Er ist von Beruf _____.

Kain erschlug seinen _____ Abel auf einem Feld.

Als Tatmotiv spricht man von _____.

Beide Brüder brachten Gott ein _____ dar. Abel opferte von den _____ seiner Herde, Kain von den _____ des Feldes. Gott schaute nur auf _____ und sein Opfer, von Kain und seinem Opfer hielt er nichts.

Da wurde _____ zornig. Er lockte Abel auf ein Feld und _____ ihn dort.

Seit diesem _____ ist Kain unauffindbar.

Wo hält er sich im Augenblick auf?

Sachdienliche _____ richten Sie bitte an die Nomadenpolizei.

_____: 3 Ziegen und 2 Schafe bester Qualität

Lückenwörter: Abel, Belohnung, Kain, Ackerbauer, erschlug, Hinweise, Bruder, Eifersucht, Früchten, Eva, Erstlingen, Adam, Opfer, Ereignis

Die Tat: Kain erschlägt Abel (1)

Im Alten Testament wird Kains Brudermord im vierten Kapitel des Buches Genesis ausführlich beschrieben. Lies den Text und beantworte anschließend die dazugehörigen Aufgaben.

Gen 4, 1–6; 8–16

Adam erkannte Eva, seine Frau; sie wurde schwanger und gebar Kain. Da sagte sie: Ich habe einen Mann vom Herrn erworben. ²Sie gebar ein zweites Mal, nämlich Abel, seinen Bruder. Abel wurde Schafhirt und Kain Ackerbauer. ³Nach einiger Zeit brachte Kain dem Herrn ein Opfer von den Früchten des Feldes dar; ⁴auch Abel brachte eines dar von den Erstlingen seiner Herde und von ihrem Fett. Der Herr schaute auf Abel und sein Opfer, ⁵aber auf Kain und sein Opfer schaute er nicht. Da überlief es Kain ganz heiß, und sein Blick senkte sich. ⁶Der Herr sprach zu Kain: Warum überläuft es dich heiß, und warum senkt sich dein Blick? (…)
⁸Hierauf sagte Kain zu seinem Bruder Abel: Gehen wir aufs Feld! Als sie auf dem Feld waren, griff Kain seinen Bruder Abel an und erschlug ihn. ⁹Da sprach der Herr zu Kain: Wo ist dein Bruder Abel? Er entgegnete: Ich weiß es nicht. Bin ich der Hüter meines Bruders? ¹⁰Der Herr sprach: Was hast du getan? Das Blut deines Bruders schreit zu mir vom Ackerboden. ¹¹So bist du verflucht, verbannt vom Ackerboden, der seinen Mund aufgesperrt hat, um aus deiner Hand das Blut deines Bruders aufzunehmen. ¹²Wenn du den Ackerboden bestellst, wird er dir keinen Ertrag mehr bringen. Rastlos und ruhelos wirst du auf der Erde sein. ¹³Kain antwortete dem Herrn: Zu groß ist meine Schuld, als dass ich sie tragen könnte. ¹⁴Du hast mich heute vom Ackerland verjagt, und ich muss mich vor deinem Angesicht verbergen; rastlos und ruhelos werde ich auf der Erde sein, und wer mich findet, wird mich erschlagen. ¹⁵Der Herr aber sprach zu ihm: Darum soll jeder, der Kain erschlägt, siebenfacher Rache verfallen. Darauf machte der Herr Kain ein Zeichen, damit ihn keiner erschlage, der ihn finde.
¹⁶Dann ging Kain vom Herrn weg und ließ sich im Land Nod nieder, östlich von Eden.

Die Tat: Kain erschlägt Abel (2)

1. Gliedere den Text in Abschnitte und gib jedem Abschnitt eine Überschrift.

   _____
   _____
   _____
   _____

2. Was erfährst du über den Täter Kain?

   _____
   _____
   _____
   _____
   _____

3. Was erfährst du über das Opfer Abel?

   _____
   _____
   _____
   _____

4. Wie reagierte Gott auf die Tat?

   _____
   _____
   _____
   _____

Streng geheim: Der Täter Kain und das Opfer Abel (1)

Es liegen weitere Informationen über die Brüder Kain und Abel vor.
Die Begriffe sind allerdings verschlüsselt. Im Vorfeld wurde ermittelt, dass die Zahl 6 für die Entschlüsselung sehr wichtig ist. Weiterhin liegen bereits die folgenden entschlüsselten Wörter vor:

QGOT → KAIN
ATJ → UND
GHKL → ABEL

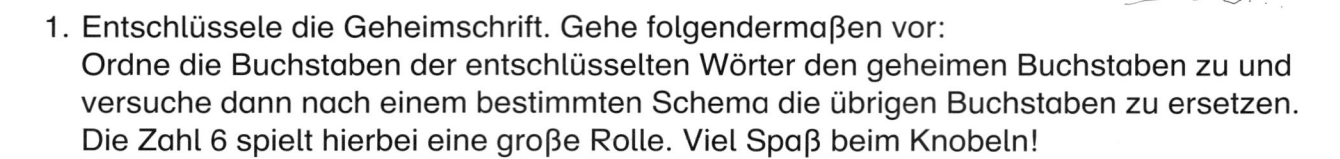

1. Entschlüssele die Geheimschrift. Gehe folgendermaßen vor:
Ordne die Buchstaben der entschlüsselten Wörter den geheimen Buchstaben zu und versuche dann nach einem bestimmten Schema die übrigen Buchstaben zu ersetzen. Die Zahl 6 spielt hierbei eine große Rolle. Viel Spaß beim Knobeln!

A	B	C	D	E	F	G	H	I	J	K	L	M	N	O	P	Q	R	S	T	U	V	W	X	Y	Z
						A										K									

QGOT ATJ GHKL   KAIN UND ABEL

GIQKXHGAKX   ACKERBAUER

YINGLNOXZK   SCHAFHIRTE

ASNKXFOKNKTJ   UMHERZIEHEND

YINCGIN   SCHWACH

KXYZMKHUXKT   ERSTGEBOREN

FUXTOM   ZORNIG

SGINZMOKXOM   MACHTGIERIG

ATZKXRKMKT   UNTERLEGEN

SGINZRUY   MACHTLOS

KMUOYZOYIN   EGOISTISCH

XAKIQYOINZYRUY   RÜCKSICHTSLOS

KOLKXYAKINZOM   EIFERSÜCHTIG

GKTMYZROIN   ÄNGSTLICH

MKLGKNXJKZ   GEFÄHRDET

Streng geheim: Der Täter Kain und das Opfer Abel (2)

2. Ordne nun die Begriffe aus Aufgabe 1 (S. 10) den entsprechenden Personen zu.

KAIN	ABEL

Kains Reue

Seit der Tat waren viele Jahre vergangen. Eines Tages traf Kain seine Eltern Adam und Eva. Es kam zu einem Gespräch. Obwohl Kain ihnen schweres Leid zugefügt hatte, freuten Adam und Eva sich sehr, dass sie ihren Sohn nach so langer Zeit wiedersahen. Kain hatte in der vergangenen Zeit viel über sein Vergehen nachgedacht, bereute die Tat und hätte alles dafür gegeben, sie ungeschehen zu machen.

Bearbeite zu dieser Situation eine der folgenden Aufgaben:
1. Welche Gedanken machte sich Kain vor dem Treffen? Versetze dich in seine Lage und schreibe sie auf.
2. Schreibe mit zwei Mitschülern zum Wiedersehen einen Dialog.
3. Das Leben ging weiter. Was passierte nach diesem Wiedersehen?

Das Tatmotiv: Eifersucht

Kain ermordete Abel aus Eifersucht. Er fühlte sich seinem Bruder gegenüber zurückgesetzt, da Gott nur Abels Opfer annahm und sein Opfer nicht beachtete.
Eifersucht ist ein Gefühl, das jeder Mensch kennt. Eifersucht entsteht beispielsweise, wenn ein Mensch sich einem anderen gegenüber benachteiligt fühlt. Dieses kann in der Familie, in der Schule oder auch im Beruf geschehen.

Aufgabe: Gestalte eine Mind-Map zum Begriff „Eifersucht"!

Hinweis: Gehe folgendermaßen vor:
1. Schreibe den Begriff in das vorgegebene Oval.
2. Zeichne ausgehend von diesem Kreis Äste ein und notiere weitere Begriffe oder Ideen am Ende dieser Äste, die du dann ebenfalls einkreist.
3. Richte weitere Äste ein, wenn du sie benötigst. Gehe dabei von den letzten Begriffen aus.
4. Verwende unterschiedliche Farben, um die Mind-Map übersichtlicher zu gestalten.

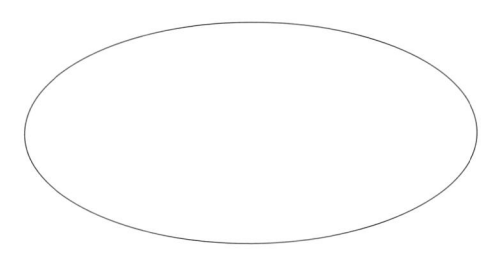

Das Kriminalarchiv: Der Fall Kain

Alle Verbrechen wurden in Kanaan schriftlich fixiert. Die Unterlagen bewahrte die damalige Polizei in einem Archiv in Jerusalem auf.
Stelle dir vor, du führst zu diesem Zweck ein Interview mit Kain. Zeitpunkt, Ort und weitere am Gespräch beteiligten Personen sind frei wählbar.

Das Interview

Thema: _____

Verlauf: _____

Der erste Totschlag in der Bibel: Kain erschlägt Abel

Kain-Abel-Konflikte heute

Kain ist eifersüchtig auf Abel. Jeder kennt das Gefühl der Eifersucht. Man ist eifersüchtig auf andere, fühlt sich benachteiligt oder ungerecht behandelt. Aber auch die Gefühle von Abel kennt jeder. Man fühlt die Eifersucht und den Neid anderer, wenn etwas gelingt.
Kain-Abel-Konflikte gibt es überall.

1. Schreibe zu einer Überschrift eine Geschichte.
2. Suche mindestens drei Zeitungsausschnitte mit Beispielen für Kain-Abel-Konflikte.

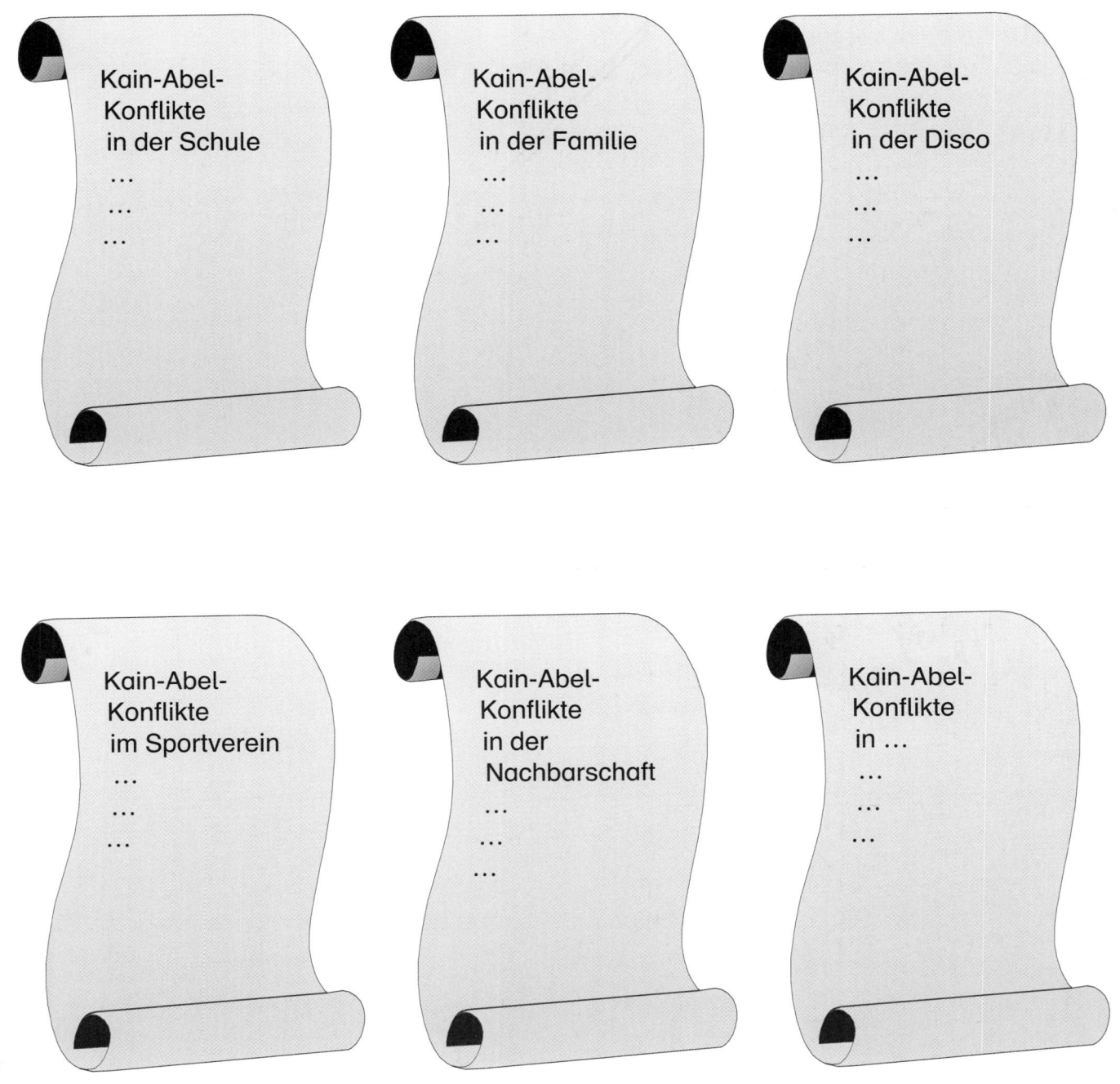

Kain-Abel-Konflikte in der Schule
…
…
…

Kain-Abel-Konflikte in der Familie
…
…
…

Kain-Abel-Konflikte in der Disco
…
…
…

Kain-Abel-Konflikte im Sportverein
…
…
…

Kain-Abel-Konflikte in der Nachbarschaft
…
…
…

Kain-Abel-Konflikte in …
…
…
…

Kriminalgeschichten aus aller Welt: Totschlag aus Eifersucht

Wir befinden uns im 21. Jahrhundert. Die Zeitschrift „Aufgeklärte Verbrechen" hat dich als Autor gewonnen.
Nach zahlreichen Recherchen veröffentlichst du nun deinen ersten Artikel mit der Überschrift:

Totschlag aus Eifersucht

Schreibe den Artikel unter Berücksichtigung der folgenden Aspekte:
- Wie wird die Tat beschrieben?
- Welche Informationen gibt es über den Täter, welche über das Opfer?
- Was ist das Tatmotiv?
- Wie wird die Tat aufgeklärt?

2. Kapitel

Der schwere Betrug: Jakob hintergeht Vater und Bruder

Steckbrief: Gesucht wegen schweren Betrugs

Vervollständige den Steckbrief mit Hilfe der Lückenwörter.

Gesucht wegen schweren Betrugs

Gesucht wird Jakob, der Sohn von _____ und _____.

Sein Bruder heißt Esau.

Er lebte bislang bei seiner Familie, erfüllte dort als _____ und Viehzüchter seine Pflichten.

Jakob wird gesucht, weil er seinen _____ und seinen Vater betrogen hat. Er erschlich sich mit Hilfe seiner Mutter den Segen seines Vaters, der für Esau, den _____, vorgesehen war. In jüngster Vergangenheit ist er bereits durch ein weiteres Vergehen aufgefallen. Als Esau, der _____, eines Tages müde nach Hause kam und nichts zu essen fand, nutzte Jakob diese Situation aus und erkaufte sich für einen Teller Suppe das _____ _____, das sehr viel mehr wert war.

Als Tatmotiv nimmt man an, dass er sich nach der _____ und Anerkennung seines Vaters sehnte, die sein Bruder _____ als Lieblingssohn ständig erhielt.

Seit der letzten Tat ist Jakob auf der _____.

Wo hält er sich auf? Ist er vielleicht nach _____ zu den Verwandten seiner Mutter geflohen?

Sachdienliche Hinweise an das Ordnungsamt in Beerscheba.

Eine angemessene _____ wird von Esau gezahlt.

Lückenwörter: Flucht, Erstgeburtsrecht, Rebekka, Bruder, Belohnung, Isaak, Erstgeborenen, Haran, Hirte, Esau, Jäger, Liebe

Rollenspiel Teil 1: Jakob hintergeht Vater und Bruder (1)

Jakob erschlich durch einen Betrug den Erstgeburtssegen von seinem Vater Isaak, der eigentlich für Esau vorgesehen war. So standen Jakob dann die Sonderrechte des Erstgeborenen zu. Er hatte z. B. das Recht, die Nachfolge seines Vaters zu übernehmen und somit die Sippe zu führen. Dieser schwere Betrug soll in der Klasse als Rollenspiel aufgeführt werden. Als Textgrundlage dient der Bibeltext aus dem 27. Kapitel des Buches Genesis.

Gen 27, 1–17

Als Isaak alt geworden und seine Augen erloschen waren, so dass er nicht mehr sehen konnte, rief er seinen ältesten Sohn Esau und sagte zu ihm: Mein Sohn! Er antwortete: Hier bin ich. ²Da sagte Isaak: Du siehst, ich bin alt geworden. Ich weiß nicht, wann ich sterbe. ³Nimm jetzt dein Jagdgerät, deinen Köcher und deinen Bogen, geh aufs Feld, und jag mir ein Wild! ⁴Bereite mir dann ein leckeres Mahl, wie ich es gern mag, und bring es mir zum Essen, damit ich dich segne, bevor ich sterbe.
⁵Rebekka hatte das Gespräch zwischen Isaak und seinem Sohn Esau mit angehört. Als Esau zur Jagd aufs Feld gegangen war, um ein Wild herbeizuschaffen, ⁶sagte Rebekka zu ihrem Sohn Jakob: Ich habe gehört, wie dein Vater zu deinem Bruder Esau gesagt hat: ⁷Hol mir ein Wild und bereite mir ein leckeres Mal zum Essen; dann will ich dich vor dem Herrn segnen, bevor ich sterbe. ⁸Nun hör genau zu, mein Sohn, was ich dir auftrage: ⁹Geh zur Herde, und bring mir von dort zwei schöne Ziegenböckchen! Ich will damit ein leckeres Mal für deinen Vater zubereiten, wie er es gern mag. ¹⁰Du bringst es dann deinem Vater zum Essen, damit er dich vor seinem Tod segnet. ¹¹Jakob antwortete seiner Mutter Rebekka: Mein Bruder Esau ist aber behaart, und ich habe eine glatte Haut. ¹²Vielleicht betastet mich mein Vater; dann könnte er meinen, ich hielte ihn zum Besten, und ich brächte Fluch über mich statt Segen. ¹³Seine Mutter entgegnete: Dein Fluch komme auf mich, mein Sohn. Hör auf mich, geh und hol mir die Böckchen! ¹⁴Da ging er hin, holte sie und brachte sie seiner Mutter. Sie bereitete ein leckeres Mahl zu, wie es sein Vater gern mochte. ¹⁵Dann holte Rebekka die Feiertagskleider ihres ältesten Sohnes Esau, die sie bei sich im Haus hatte, und zog sie ihrem jüngeren Sohn Jakob an. ¹⁶Die Felle der Ziegenböckchen legte sie um seine Hände und um seinen glatten Hals. ¹⁷Dann übergab sie das leckere Essen und das Brot, das sie zubereitet hatte, ihrem Sohn Jakob.

Rollenspiel Teil 1: Jakob hintergeht Vater und Bruder (2)

Gen 27, 18–27

¹⁸ Er ging zu seinem Vater hinein und sagte: Mein Vater! Ja, antwortete er, wer bist du, mein Sohn? ¹⁹ Jakob entgegnete seinem Vater: Ich bin Esau, dein Erstgeborener. Ich habe getan, wie du mir gesagt hast. Setz dich auf, iss von meinem Wildbret, und dann segne mich! ²⁰ Da sagte Isaak zu seinem Sohn: Wie hast du nur so schnell etwas finden können, mein Sohn? Er antwortete: Der Herr, dein Gott, hat es mir entgegenlaufen lassen. ²¹ Da sagte Isaak zu Jakob: Komm näher heran! Ich will dich betasten, mein Sohn, ob du wirklich mein Sohn Esau bist oder nicht. ²² Jakob trat zu seinem Vater Isaak hin. Isaak betastete ihn und sagte: Die Stimme ist zwar Jakobs Stimme, die Hände aber sind Esaus Hände. ²³ Er erkannte ihn nicht, denn Jakobs Hände waren behaart wie die seines Bruders Esau, und so segnete er ihn. ²⁴ Er fragte: Bist du es, mein Sohn Esau? Ja, entgegnete er. ²⁵ Da sagte Isaak: Bring es mir! Ich will von dem Wildbret meines Sohnes essen und dich dann segnen. Jakob brachte es ihm, und Isaak aß. Dann reichte er ihm auch Wein, und Isaak trank. ²⁶ Nun sagte sein Vater Isaak zu ihm: Komm näher, und küss mich, mein Sohn! ²⁷ Er trat näher und küsste ihn. Isaak roch den Duft seiner Kleider, er segnete ihn und sagte: Ja, mein Sohn duftet wie das Feld, das der Herr gesegnet hat.

Bildet zu dritt eine Gruppe und bearbeitet gemeinsam die folgenden Aufgaben:

1. Lest den Text. Schreibt die wichtigsten Szenen heraus.
2. Verteilt die Rollen der Personen Jakob, Esau, Isaak und Rebekka unter den Gruppenmitgliedern und erfindet Texte zu den einzelnen Szenen.
3. Übt die Texte mit der Gruppe ein und tragt sie in der Klasse vor.

Der schwere Betrug: Jakob hintergeht Vater und Bruder

Rollenspiel Teil 2: Das Leben nach dem Betrug

Nachdem Jakob sich den Erstgeburtssegen erschlichen hatte, kam sein Bruder Esau von der Jagd, um den Segen zu empfangen. Er bereitete ein leckeres Mahl, brachte es seinem Vater Isaak und bat um den Segen. Dieser konnte ihm den Segen nicht mehr erteilen, da er ihn bereits vergeben hatte. Er erzählte ihm alles, was geschehen war.

Wie reagierte Esau, nachdem er erfuhr, was Jakob ihm angetan hatte?
Wie verhielt sich Isaak?

1. Führt den ersten Teil des Rollenspiels fort, indem ihr euch in der Gruppe weitere Szenen überlegt.
2. Erfindet Texte zu den einzelnen Szenen und verteilt die Rollen.
3. Übt die Texte in der Gruppe und tragt sie anschließend in der Klasse vor.

Die Reaktion auf den schweren Betrug (1)

In der Bibel erfahren wir, wie Esau und sein Vater Isaak auf den Betrug reagieren.
Im Buch Genesis steht dazu Folgendes:

Gen 27, 30–38

³⁰ Kaum hatte Isaak Jakob gesegnet und war Jakob von seinem Vater Isaak weggegangen, da kam sein Bruder Esau von der Jagd. ³¹ Auch er bereitete ein leckeres Mahl, brachte es seinem Vater und sagte zu ihm: Mein Vater richte sich auf und esse von dem Wildbret seines Sohnes, damit du mich dann segnest. ³² Da fragte ihn sein Vater Isaak: Wer bist du? Er antwortete: Ich bin dein Sohn Esau, dein Erstgeborener. ³³ Da überkam Isaak ein heftiges Zittern, und er fragte: Wer war es denn, der das Wildbret gejagt und es mir gebracht hat? Ich habe von allem gegessen, bevor du gekommen bist, und ich habe ihn gesegnet; gesegnet wird er auch bleiben. ³⁴ Als Esau die Worte seines Vaters hörte, schrie er heftig auf, aufs äußerste verbittert, und sagte zu seinem Vater: Segne auch mich, Vater! ³⁵ Er entgegnete: Dein Bruder ist mit List gekommen und hat dir den Segen weggenommen. ³⁶ Da sagte Esau: Hat man ihn nicht Jakob (Betrüger) genannt? Er hat mich jetzt schon zweimal betrogen: Mein Erstgeburtsrecht hat er mir genommen, jetzt nimmt er mir auch noch den Segen. Dann sagte er: Hast du mir keinen Segen aufgehoben? ³⁷ Isaak antwortete und sagte zu Esau: Ich habe ihn zum Herrn über dich gemacht, und alle seine Brüder habe ich ihm als Knechte gegeben. Auch mit Korn und Most habe ich ihn versorgt. Was kann ich da noch für dich tun, mein Sohn? ³⁸ Da sagte Esau zu seinem Vater: Hattest du denn nur einen einzigen Segen, Vater? Segne auch mich, Vater! und Esau begann laut zu weinen.

1. Versetze dich in die Lage von Esau und Isaak.
2. Schreibe auf, was sie nach diesem Betrug empfinden.

Die Reaktion auf den schweren Betrug (2)

1. Esaus Gedanken:

_____

_____

_____

_____

_____

_____

2. Isaaks Gedanken:

_____

_____

_____

_____

_____

_____

_____

Esaus Gefühle nach dem Betrug (1)

Die Rechte, die Esau als Erstgeborener besaß, hatte er an Jakob verloren. Daher hasste er seinen Bruder. Die Wut ging so weit, dass er drohte, ihn umzubringen. Rebekka, seine Mutter, hörte davon, rief daraufhin ihren Sohn Jakob zu sich und informierte ihn über das Vorhaben seines Bruders. Sie gab ihm den Rat, von zu Hause wegzugehen, um der Rache seines Bruders zu entkommen. So floh Jakob und zog zu seinem Onkel nach Haran.

1. Hass ist eine starke Abneigung, die ein Mensch einem anderen gegenüber empfinden kann. In diesem Buchstabendurcheinander befinden sich zehn Wörter (senkrecht, waagerecht, diagonal), die mit dem Begriff „Hass" zusammenhängen. Suche die Wörter heraus und schreibe sie auf die nächste Seite in das Bild.

F	F	V	S	Z	T	J	K	Z	N	M	M	S	C	B	H	U	D	T	R	O	P
W	X	R	T	Z	V	O	N	T	O	D	T	R	Z	O	D	E	I	T	W	C	K
E	R	T	R	T	E	R	X	D	U	R	G	M	O	S	P	K	L	D	S	T	H
Z	U	G	H	S	T	U	E	F	T	U	N	L	E	H	M	E	L	R	T	G	M
E	I	N	B	V	E	R	S	C	H	E	W	T	A	A	D	U	F	E	R	T	W
A	U	W	I	K	A	U	L	C	L	I	E	G	T	F	E	R	I	E	E	I	K
H	E	N	T	S	C	H	O	P	H	F	T	W	E	T	T	R	T	U	S	E	R
S	P	E	T	R	Z	E	R	G	T	M	A	S	S	I	T	E	E	O	T	B	E
E	T	V	E	R	T	R	I	K	E	R	E	I	N	G	N	W	N	M	R	E	I
T	O	N	R	W	O	N	P	L	E	R	T	R	Z	K	A	U	N	A	E	T	E
B	U	C	K	D	G	L	U	W	E	T	Z	C	Z	E	E	S	C	H	I	P	T
W	V	N	E	M	M	W	S	P	U	T	T	E	R	I	M	H	H	S	T	O	H
P	F	E	I	N	D	S	C	H	A	F	T	E	I	T	E	U	U	M	A	M	T
B	A	U	T	I	R	E	R	T	S	C	G	L	O	E	B	B	F	B	U	T	W
W	E	B	S	T	K	L	O	M	X	O	H	N	M	A	C	H	T	M	S	T	E
S	T	L	N	I	E	D	E	R	T	R	A	C	H	T	W	G	T	K	R	E	I
E	R	U	Z	A	E	R	T	O	E	K	T	U	E	B	J	E	D	T	Z	L	O
F	O	L	G	B	L	U	E	K	A	E	L	T	E	B	Z	U	N	D	F	E	R

Esaus Gefühle nach dem Betrug (2)

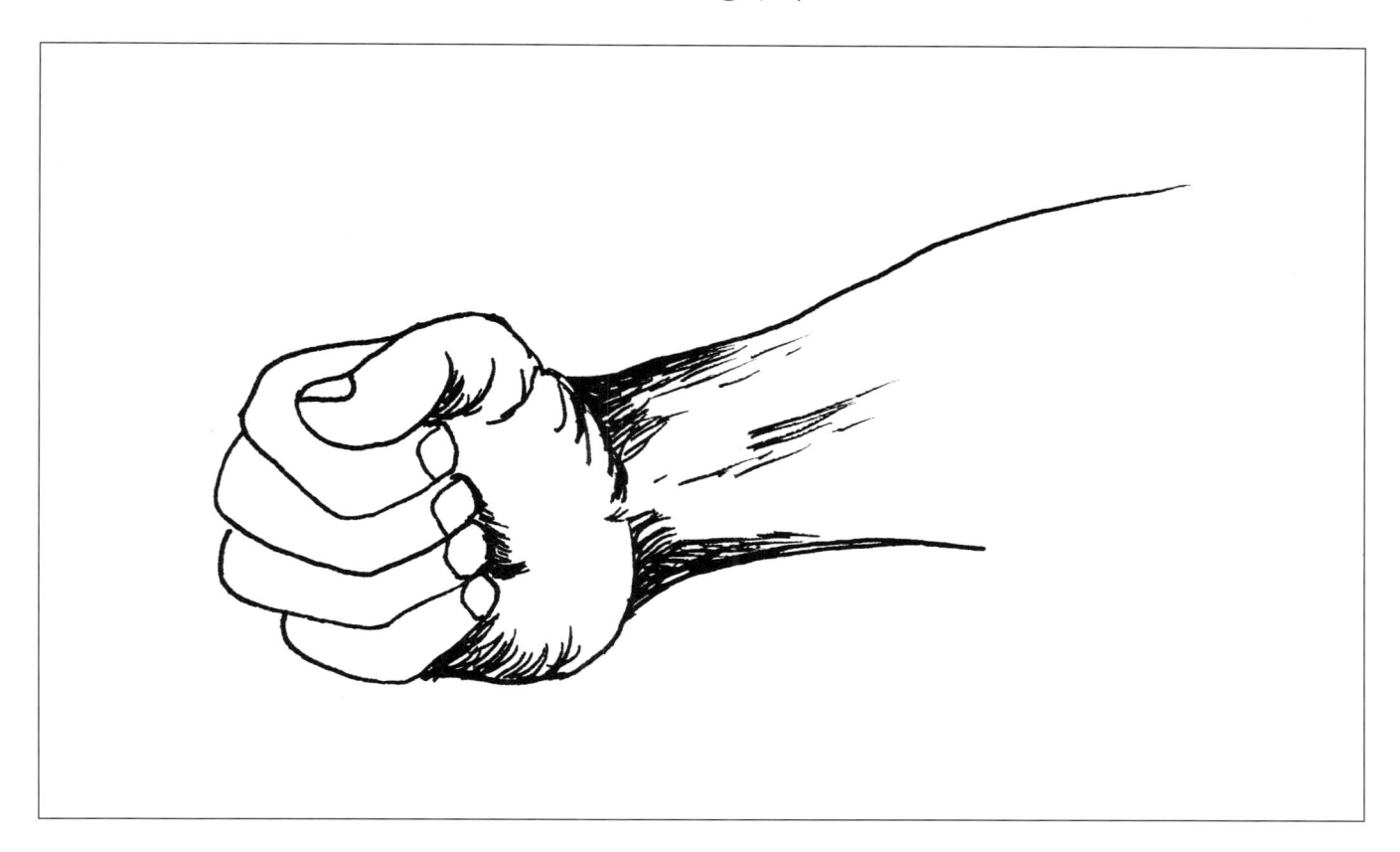

2. Liebe überwindet Hass. Gestalte ein Symbol oder eine Zeichnung zum Begriff „Liebe". Schreibe dann mindestens zehn Wörter um das Bild, die mit dem Begriff „Liebe" zusammenhängen.

Der neue Anfang

Nach der Tat floh Jakob vor Esau. Er begann in der Fremde ein neues Leben und gründete dort eine Familie.
Jakob blieb viele Jahre in der Fremde, kam aber nie zur Ruhe, da seine dunkle Vergangenheit ihn belastete. Nach und nach erkannte er, dass er vor dieser Vergangenheit nicht davonlaufen konnte. Er musste sich stellen. In einem Traum machte Gott ihm deutlich, dass er trotz seines Versagens zu ihm stand. Bald darauf zog er mit seiner Familie zurück in seine Heimat. Dort traf er seinen Bruder Esau, dem er so viel Leid zugefügt hatte. Esau versöhnte sich mit ihm.
Jakob setzte einen neuen Anfang für sein zukünftiges Leben und ließ sich in seiner Heimat nieder.

Auch heute schließen Menschen ab mit ihrer Vergangenheit, setzen einen neuen Anfang und führen dann ein völlig anderes Leben.
Denke dir hierzu eine Beispielgeschichte aus.

Thema: Der neue Anfang

Das Kriminalarchiv: Der Fall Jakob

Der Fall Jakob wurde, wie alle Verbrechen im damaligen Kanaan, im Polizeiarchiv in Jerusalem schriftlich fixiert. Deine Hilfe ist dabei erforderlich.
Stelle den Fall nach der folgenden Methode schriftlich dar:

Schreibe alle Gedanken auf, die dir zu diesem Fall in den Sinn kommen und ordne sie sinnvoll auf diesem Blatt an.

Jakob hintergeht seinen Bruder

Kriminalgeschichten aus aller Welt:
Schwerer Betrug innerhalb der Familie

Wir befinden uns im 21. Jahrhundert. Die Zeitschrift „Aufgeklärte Verbrechen" hat dich als Autor gewonnen.
Nach zahlreichen Recherchen veröffentlichst du einen Artikel mit der Überschrift:

Schwerer Betrug innerhalb der Familie

Schreibe den Artikel unter Berücksichtigung der folgenden Aspekte:
- Wie wird die Tat beschrieben?
- Welche Informationen gibt es über den Täter, welche über das Opfer?
- Was ist das Tatmotiv?
- Wie wird die Tat aufgeklärt?

3. Kapitel

Der kaltblütige Menschenhandel: Josef wird von seinen Brüdern verkauft

Vermisstenanzeige eines Vaters: Jakob sucht seinen Sohn (1)

> Vermisst wird seit einigen Tagen ein siebzehnjähriger Junge namens Josef.
> Er ist etwa 1,70 m groß, hat blondes Haar und blaue Augen.
> Zuletzt wurde er von seinem Vater Jakob gesehen, der ihn zu seinen Brüdern nach Sichem schickte, die dort das Vieh weideten.
> Seitdem fehlt jede Spur.
> Das ganze Gebiet um Sichem wurde abgesucht. Man fand Josefs Mantel, zerrissen und mit Blut befleckt.
> Wer hat Josef gesehen? Wo hält er sich auf?
> Sachdienliche Hinweise an die Polizeistelle in Hebron.

Nach dieser Anzeige gab es zahlreiche Hinweise aus der Bevölkerung. Einige sind unten abgedruckt.
Versuche den Fall anhand der Hinweise zu rekonstruieren.

> Die Brüder waren sehr eifersüchtig auf Josef.
>
> Ein Junge war zu der besagten Zeit in einer Zisterne nahe Sichem gefangen.
>
> Fremde Kaufleute zogen zu der Zeit an der Zisterne vorbei nach Ägypten.
>
> In der Gegend wurden immer wieder Jungen entführt oder als Sklaven nach Ägypten verkauft.

Vermisstenanzeige eines Vaters: Jakob sucht seinen Sohn (2)

Der Fall Josef

Das Verbrechen: Josef als Opfer eines Menschenhandels

Hier findest du die Aufzeichnung eines Verbrechens. Die einzelnen Abschnitte sind allerdings etwas durcheinander geraten.

Ordne die Sätze und schreibe sie in der richtigen Reihenfolge auf. Das Lösungswort erleichtert dir die Arbeit. Lies eventuell in der Bibel (Gen 37) nach.

- Dann schickten sie den Ärmelrock zu ihrem Vater. Jakob erkannte den Rock seines Sohnes. Er sagte: Ein wildes Tier hat Josef gefressen. **E**

- Jakob wohnte bereits viele Jahre mit seiner Familie in Kanaan. Von seinen zwölf Söhnen war Josef ihm am liebsten. **A**

- Als die Brüder eines Tages das Vieh ihres Vaters bei Sichem weideten, schickte Jakob seinen Lieblingssohn zu ihnen. Er sollte ihm hinterher über die Arbeit seiner Söhne Bericht erstatten. **D**

- Jakob legte Trauerkleider an und trauerte viele Tage um seinen Sohn. **R**

- Die Brüder, die Josef von weitem kommen sahen, fassten den Plan, ihn umzubringen. **E**

- Eines Tages ließ er ein schönes Gewand, einen Ärmelrock, für Josef machen. Hierüber ärgerten sich Josefs Brüder sehr. **A**

- Ruben, der Einzige, der zu Josef hielt, hörte das Gespräch und wollte ihn retten und zu seinem Vater zurückbringen. **R**

- Außerdem hassten sie ihn immer mehr, da er seltsame Träume hatte. **S**

- Er sagte zu seinen Brüdern: Vergießt kein Blut. Werft ihn in die Zisterne in der Steppe. **B**

- Er sagte zum Beispiel zu seinen Brüdern: Ich träumte, wir hätten mitten auf dem Feld Garben gebunden. Meine Garbe richtete sich auf und blieb stehen. Eure Garben aber neigten sich tief vor meiner Garbe. **S**

- Als Josef nun bei seinen Brüdern angekommen war, zogen sie ihm sein schönes Gewand aus, packten ihn und warfen ihn in die Zisterne, in der kein Wasser war. **R**

- Da zogen sie Josef aus der Zisterne heraus und verkauften ihn für zwanzig Silberstücke. Nach dem Verkauf nahmen sie Josefs Gewand, schlachteten einen Ziegenbock und tauchten es in das Blut. **D**

- Nach der Tat saßen sie beim Essen. Da sahen sie, dass gerade eine Karawane von Ismaelitern aus Gilead kam, die unterwegs nach Ägypten war. **Ü**

Die große Strafpredigt für die Brüder

Josef erlebte schwere Zeiten in Ägypten. Er musste zunächst als Sklave im Haus eines Hofbeamten des Pharaos arbeiten. Dann kam er unschuldig ins Gefängnis. Dort wurde man auf seine besondere Fähigkeit der Traumdeutung aufmerksam. Eines Tage holte man ihn deshalb an den Hof des Pharaos. Er sollte dessen Träume deuten. Josef las aus den Träumen, dass nach sieben Jahren Überfluss sieben Jahre Hungersnot für das Land folgen würden. Daraufhin bereitete man sich auf die mageren Jahre vor, indem man Getreidevorräte anlegte. So rettete Josef das Volk vor einer Hungersnot. Er kam zu großer Macht und genoss hohes Ansehen im Land. In anderen Ländern hatte man sich nicht so gut auf die Hungersnot vorbereitet. So litten die Menschen in Kanaan zum Beispiel in dieser Zeit große Not. Auch Jakob, Josefs Vater, und seine Söhne litten dort unter dieser Katastrophe. Jakob erfuhr in diesen Tagen der Not, dass es in Ägypten Getreide zu kaufen gab. So schickte er einige Söhne nach Ägypten, um dort für die Familie Getreide zu kaufen.

Zu diesem Zeitpunkt verwaltete Josef das Land und verkaufte das Getreide. So kamen Josefs Brüder zu ihm, warfen sich vor ihm nieder und baten um Korn. Josef erkannte sie, gab sich aber nicht zu erkennen; denn er erinnerte sich an das große Leid, das seine Brüder ihm zugefügt hatten.

Stelle dir folgende Situation vor: Josef gibt sich in diesem Moment zu erkennen und hält den Brüdern eine Strafpredigt. Schreibe auf, was er ihnen wohl sagen würde.

Rache oder Vergebung?

Josefs Brüder, die Josef vor vielen Jahren nach Ägypten verkauft hatten, kamen als Bittsteller nach Ägypten, um dort Getreide zu kaufen und so einer Hungersnot zu entgehen.
Sie trafen auf Josef, der in der Zwischenzeit in diesem Land zu einem mächtigen Mann geworden war.
Wie verhielt sich Josef? Hatte er Mitleid mit seinen Brüdern und half ihnen? Ließ er sie ins Gefängnis werfen, so dass sie für ihre Tat bestraft wurden? Oder verhielt er sich vielleicht ganz anders?

Schreibe zu dieser Situation eine Geschichte.

Wie der Fall um Josef ausgeht, kannst du in der Bibel im Buch Genesis im 45. Kapitel nachlesen.

Kriminalgeschichten aus aller Welt: Kaltblütiger Menschenhandel

Wir befinden uns im 21. Jahrhundert. Die Zeitschrift „Aufgeklärte Verbrechen" hat dich als Autor gewonnen.
Nach zahlreichen Recherchen, in denen du dich unter anderem darüber informiert hast, in welchen Ländern es heute noch Menschenhandel gibt, veröffentlichst du einen Artikel mit der Überschrift:

Kaltblütiger Menschenhandel

Schreibe den Artikel unter Berücksichtigung der folgenden Aspekte:
- Wie wird die Tat beschrieben?
- Welche Informationen gibt es über den Täter, welche über das Opfer?
- Was ist das Tatmotiv?
- Wie wird die Tat aufgeklärt?

4. Kapitel

Unschuldig im Gefängnis: Josef wird das Opfer einer Intrige

Schuldig oder unschuldig?

Ein Mensch macht sich schuldig gegenüber einem anderen, wenn er diesem in irgendeiner Weise körperliche oder seelische Schmerzen zufügt.
Ein Mensch ist unschuldig, d. h. ohne Schuld, wenn man ihm nichts vorwerfen kann.

Schreibe einen der Begriffe SCHULDIG oder UNSCHULDIG in die Mitte des Blattes. Gestalte dann die Seite, indem du weitere Begriffe oder Gedanken, die dir zu dem gewählten Begriff einfallen, aufschreibst. Arbeite mit unterschiedlichen Farben.
Auch Symbole oder Bilder sind erlaubt, die du selber erstellst oder die du aus Zeitungen ausschneidest und dann aufklebst.

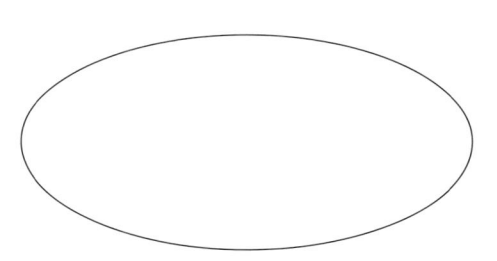

Der Betrug: Eine Frau hintergeht Josef

In dieser Geschichte wird beschrieben, wie eine Frau Josef hintergeht. Er wird daraufhin unschuldig verhaftet und kommt ins Gefängnis.

Lies den Text durch und ergänze in der Ich-Form die Gedanken, die die Frau oder Josef damals gehabt haben könnten.

nach Gen 39, 1–20

Josef wurde von den ismaelitischen Kaufleuten nach Ägypten gebracht und dort an einen Hofbeamten des Pharaos namens Potifar verkauft.
Er arbeitete sehr hart und verrichtete sorgsam alle Aufgaben, die ihm auferlegt wurden. So fand er bald das Wohlwollen seines Herrn. Der Herr vertraute seinem Diener, so dass er ihn zum Verwalter in seinem Haus bestellte und sich um nichts mehr kümmerte, wenn Josef da war.
Josef war schön von Gestalt und Ansehen. Nach einiger Zeit warf die Frau seines Herrn ihren Blick auf Josef und sagte: Schlaf mit mir! Er weigerte sich und dachte:

_____

_____

Er entgegnete der Frau seines Herrn: Du siehst doch, mein Herr hat mir alles anvertraut, was ihm gehört. Er hat mir nichts vorenthalten als nur dich, denn du bist seine Frau. Wie könnte ich da ein so großes Unrecht begehen und gegen Gott sündigen?
Sie redete Tag für Tag auf Josef ein und dachte:

_____

_____

Josef hörte aber nicht auf sie. Eines Tages kam er ins Haus, um seiner Arbeit nachzugehen. Niemand vom Hausgesinde war anwesend. Da packte sie ihn an seinem Gewand und sagte: Schlaf mit mir! Er ließ sein Gewand in ihren Händen und lief hinaus. Josef dachte:

_____

_____

Die Frau rief daraufhin nach ihrem Hausgesinde und sagte: Seht nur! Josef ist zu mir gekommen und wollte mit mir schlafen; da habe ich laut geschrien. Als er es hörte, ließ er sein Gewand bei mir liegen und floh ins Freie. Sie dachte bei sich:

_____

_____

Sein Gewand ließ sie bei sich liegen, bis sein Herr nach Hause kam. Ihm erzählte sie die gleiche Geschichte. Er wurde zornig, ließ Josef ergreifen und ins Gefängnis bringen.

Rollenspiel: Josef unschuldig im Gefängnis (1)

Vervollständige das Rollenspiel!

Schritte, Schlüssel klirren, …

Gefängniswärter: So, da sind wir! Hier bist du in feiner Gesellschaft. Der da, der hinten in der Ecke sitzt, wird dir sicher die Zeit vertreiben. Er heißt Andreas.

Knallen der Tür, Schlüsselklirren, Schritte werden leiser, …

Josef: Oh, wie dunkel und kalt es hier ist. Und diese Feuchtigkeit!

Andreas: Setz dich erst mal hier auf das Stroh. Das hält schön warm. Wie heißt du eigentlich?

Josef: Ich heiße Josef. Du bist der erste im Gefängnis, der mich freundlich behandelt.

Andreas: Bist du zum ersten Mal hier?

Josef: _____
_____

Andreas: Warum haben sie dich eingesperrt?

Josef: _____
_____
_____

Andreas: Du bist zu bedauern. Wie ist es eigentlich dazu gekommen, dass du Sklave geworden bist?

Josef: _____
_____
_____

Andreas: Das ist ja interessant. Auf dem Weg nach Ägypten hast du sicher viel erlebt. Erzähle doch von deinen Abenteuern.

Josef: _____
_____

Rollenspiel: Josef unschuldig im Gefängnis (2)

_____
_____
_____
_____

Andreas: Wie stellst du dir denn deine Zukunft vor?

Josef: _____
_____
_____
_____

Und nun erzähl mir etwas von dir. Ich bin sehr neugierig.

Andreas: _____
_____
_____
_____
_____
_____

Josef: Ich glaube fest daran, dass Gott uns beschützen wird. Jetzt wollen wir erst einmal schlafen.
Gute Nacht, Andreas!

Andreas: Gute Nacht, Josef!

Ein Tag im Gefängnis

Stelle dir vor, du bist Josef und musst einen Tag im Gefängnis verbringen.
Beschreibe deinen Tagesablauf!

Das Kriminalarchiv: Josef, das Opfer

Josef wurde zweimal Opfer eines Verbrechens.
Zum einen verkauften seine Brüder ihn. So kam er nach Ägypten und er musste dort zunächst als Sklave leben. Zum anderen war er lange Zeit unschuldig im Gefängnis. Beide Verbrechen wurden für das Polizeiarchiv in Jerusalem schriftlich fixiert, indem man Begriffe, die mit dem Fall zusammenhängen, dem Alphabet zuordnete.

Schreibe zu möglichst vielen Buchstaben des Alphabets Begriffe auf, die etwas mit der Person Josef zu tun haben.

Thema: Der Fall Josef

A: _____   N: _____

B: _____   O: _____

C: _____   P: _____

D: _____   Q: _____

E: _____   R: _____

F: _____   S: _____

G: _____   T: _____

H: _____   U: _____

I: _____   V: _____

J: _____   W: _____

K: _____   X: _____

L: _____   Y: _____

M: _____   Z: _____

Kriminalgeschichten aus aller Welt: Justizirrtum

Wir befinden uns im 21. Jahrhundert. Die Zeitschrift „Aufgeklärte Verbrechen" hat dich als Autor gewonnen.
Nach zahlreichen Recherchen veröffentlichst du einen Artikel mit der Überschrift:

Justizirrtum

Schreibe den Artikel unter Berücksichtigung der folgenden Aspekte:
- Wie wird die Tat beschrieben?
- Welche Informationen gibt es über den Täter, welche über das Opfer?
- Was ist das Tatmotiv?
- Wie wird die Tat aufgeklärt?

5. Kapitel

Landraub und Mord: Streit um einen Weinberg

Eine tödliche Geschichte

Im Alten Testament wird eine grausame Geschichte beschrieben, in der ein Winzer, der im Wege steht, ermordet wird.
Die folgenden Begriffe spielen bei dem Ereignis eine große Rolle.

1. Versuche die Begriffe allgemein oder mit Hilfe von Beispielen zu erklären.
2. Zeichne ein Bild oder ein Symbol zu den Begriffen.

Begriff	Erklärung	Bild/Symbol
Lüge		
Egoismus		
Betrug		
Habgier		
Wut		
Mord		
Intrige		

Das Verbrechen: Landraub und Mord (1)

Im Alten Testament wird im ersten Buch der Könige ein grausames Verbrechen beschrieben, das geprägt ist von Lügen, Habgier, Intrigen und Mord.
Lies den Text und bearbeite anschließend die Aufgaben.

1 Kön 21, 1–10

¹Danach trug sich Folgendes zu. Nabot aus Jesreel hatte einen Weinberg in Jesreel neben dem Palast Ahabs, des Königs von Samarien.

²Ahab verhandelte mit Nabot und schlug ihm vor: Gib mir deinen Weinberg! Er soll mir als Gemüsegarten dienen; denn er liegt nahe bei meinem Haus. Ich will dir dafür einen besseren Weinberg geben. Wenn es dir aber lieber ist, bezahle ich dir den Kaufpreis in Geld.

³Doch Nabot erwiderte: Der Herr bewahre mich davor, dass ich dir das Erbe meiner Väter überlasse.

⁴Darauf kehrte Ahab in sein Haus zurück. Er war missmutig und verdrossen, weil Nabot aus Jesreel zu ihm gesagt hatte: Ich werde dir das Erbe meiner Väter nicht überlassen. Er legte sich auf sein Bett, wandte das Gesicht zur Wand und wollte nicht essen.

⁵Seine Frau Isebel kam zu ihm herein und fragte: Warum bist du missmutig und willst nicht essen?

⁶Er erzählte ihr: Ich habe mit Nabot aus Jesreel verhandelt und ihm gesagt: Verkauf mir deinen Weinberg für Geld, oder wenn es dir lieber ist, gebe ich dir einen anderen dafür. Doch er hat geantwortet: Ich werde dir meinen Weinberg nicht geben.

⁷Da sagte seine Frau Isebel zu ihm: Du bist doch jetzt König in Israel. Steh auf, iss und sei guter Dinge! Ich werde dir den Weinberg Nabots aus Jesreel verschaffen.

⁸Sie schrieb Briefe im Namen Ahabs, versah sie mit seinem Siegel und schickte sie an die Ältesten und Vornehmen, die mit Nabot zusammen in der Stadt wohnten.

⁹In den Briefen schrieb sie: Ruft ein Fasten aus und lasst Nabot oben vor allem Volk Platz nehmen!

¹⁰Setzt ihm aber zwei nichtswürdige Männer gegenüber! Sie sollen gegen ihn als Zeugen auftreten und sagen: Du hast Gott und den König gelästert. Führt ihn dann hinaus und steinigt ihn zu Tode!

Das Verbrechen: Landraub und Mord (2)

1 Kön 21, 11–16

¹¹ Die Männer der Stadt, die Ältesten und Vornehmen, die mit ihm zusammen in der Stadt wohnten, taten, was Isebel ihnen geboten hatte, was in den Briefen stand, die sie ihnen gesandt hatte.

¹² Sie riefen ein Fasten aus und ließen Nabot oben vor allem Volk Platz nehmen.

¹³ Es kamen aber auch die beiden nichtswürdigen Männer und setzten sich ihm gegenüber. Sie standen vor dem Volk als Zeugen gegen Nabot auf und sagten: Nabot hat Gott und den König gelästert. Sogleich führte man ihn aus der Stadt hinaus und steinigte ihn zu Tode.

¹⁴ Darauf ließen sie Isebel melden: Nabot wurde gesteinigt und ist tot.

¹⁵ Sobald sie hörte, dass Nabot gesteinigt wurde und tot war, sagte sie zu Ahab: Auf, nimm den Weinberg Nabots aus Jesreel in Besitz, den er dir für Geld nicht verkaufen wollte; denn Nabot lebt nicht mehr, er ist tot.

¹⁶ Als Ahab hörte, dass Nabot tot war, stand er auf und ging zum Weinberg Nabots aus Jesreel hinab, um von ihm Besitz zu ergreifen.

1. Bearbeite den Text, indem du die wichtigsten Textstellen unterstreichst.
2. Charakterisiere die folgenden Personen:

Nabot: _____

Ahab: _____

Das Verbrechen: Landraub und Mord (3)

c) Isebel: _____

_____

_____

_____

3. Äußere deine Meinung zu dem folgenden Satz:

> In der Geschichte ist Nabot im eigentlichen Sinne der Mächtige. Ahab und Isebel sind die Schwachen und Machtlosen.

_____

_____

_____

_____

_____

_____

_____

_____

_____

_____

Landraub und Mord: Streit um einen Weinberg

Die Reaktion Gottes (1)

Die Geschichte um Nabots Weinberg geht weiter. Gott greift durch den Propheten Elija in das Geschehen ein. Lies den Text und bearbeite dann die Aufgaben.

1 Kön 21, 17–29

17 Da erging das Wort des Herrn an Elija aus Tischbe:

18 Mach dich auf und geh Ahab, dem König von Israel, entgegen, der in Samaria seinen Wohnsitz hat. Er ist zum Weinberg Nabots hinabgegangen, um von ihm Besitz zu ergreifen.

19 Sag ihm: So spricht der Herr: Durch einen Mord bist du Erbe geworden? Weiter sag ihm: So spricht der Herr: An der Stelle, wo die Hunde das Blut Nabots geleckt haben, werden Hunde auch dein Blut lecken.

20 Ahab sagte zu Elija: Hast du mich gefunden, mein Feind? Er erwiderte: Ich habe dich gefunden. Weil du dich hergabst, das zu tun, was dem Herrn missfällt, 21 werde ich Unheil über dich bringen. Ich werde dein Geschlecht hinwegfegen und von Ahabs Geschlecht alles, was männlich ist, bis zum letzten Mann in Israel ausrotten.

22 Weil du mich zum Zorn gereizt und Israel zur Sünde verführt hast, werde ich mit deinem Haus verfahren wie mit dem Haus Jerobeams, des Sohnes Nebats, und mit dem Haus Baschas, des Sohnes Ahijas.

23 Und über Isebel verkündet der Herr: Die Hunde werden Isebel an der Mauer von Jesreel auffressen.

24 Wer von der Familie Ahabs in der Stadt stirbt, den werden die Hunde fressen, und wer auf dem freien Feld stirbt, den werden die Vögel des Himmels fressen.

25 Es gab in der Tat niemand, der sich wie Ahab hergab zu tun, was dem Herrn missfiel, da seine Frau Isebel ihn verführte.

26 Sein Tun war überaus verwerflich; er lief den Götzen nach und folgte den Gebräuchen der Amoriter, die der Herr vor den Israeliten vertrieben hatte.

27 Als Ahab diese Drohungen hörte, zerriss er seine Kleider, trug ein Bußgewand auf dem bloßen Leib, fastete, schlief im Bußgewand und ging bedrückt umher.

28 Da erging das Wort des Herrn an Elija aus Tischbe:

29 Hast du gesehen, wie Ahab sich vor mir gedemütigt hat? Weil er sich vor mir gedemütigt hat, will ich das Unglück nicht schon in seinen Tagen kommen lassen. Erst in den Tagen seines Sohnes werde ich das Unheil über sein Haus bringen.

Die Reaktion Gottes (2)

1. Beschreibe die Reaktion Gottes.

   _____
   _____
   _____
   _____

2. Die Bibel ist im Laufe von vielen Jahrhunderten entstanden. Die Menschen, die die Texte verfassten, versuchten ihre Erfahrungen mit Gott aufzuschreiben. Im Laufe der Zeit wandelte sich das Gottesbild.
   Schlage die folgenden Stellen nach und schreibe wichtige Merkmale des jeweiligen Gottesbildes heraus.

   a) Psalm 40,9–12: _____
   _____

   b) Psalm 145,8–9: _____
   _____

   c) Jesaja 66,12–13: _____
   _____

   d) Ijob 36,22–26: _____
   _____

   e) Mt 20,1–16: _____
   _____
   _____

   f) Lk 15,11–32: _____
   _____
   _____

Die Reue der Zeugen

Isebel gelang es, den Weinberg Nabots für ihren Mann, dem König Ahab, zu gewinnen. Sie schrieb im Namen des Königs Briefe an die Ältesten und Vornehmen. Diese taten, was Isebel von ihnen verlangte, riefen ein Fasten aus und beschuldigten Nabot der Gotteslästerung. Mit Hilfe von falschen Zeugen wurde Nabot überführt, zum Tode verurteilt und vor der Stadt durch Steinigung hingerichtet. Der König erhielt daraufhin, wie das Gesetz es vorschrieb, Nabots Besitz.

Eine Weile nach diesen Ereignissen trafen sich Aaron und Jakob, die Zeugen, die gegen Nabot ausgesagt hatten, im Wirtshaus der Stadt. Sie setzten sich zusammen und unterhielten sich über die vergangene Zeit. In dem Gespräch ging es um ihre Falschaussagen, um die Situation Nabots und sein Ende sowie um die Beziehung zwischen König Ahab und Isebel.

Entwickle mit einem Partner/einer Partnerin dieses Gespräch und schreibe es auf.

Der Sohn, der in der Fremde lebte

Stelle dir vor, die Geschichte von Nabot, Ahab und Isebel ginge weiter.
Nimm an, Nabot hätte einen Sohn namens Philippus, der in der Fremde lebte und nach dem Tod seines Vaters nach Jesreel zurückkehrte. Bei einem Bekannten erführe er von den schrecklichen Ereignissen. Er ginge daraufhin in den Palast zu König Ahab und Isebel und stellte sie zur Rede.

Entwickelt hierzu zu dritt ein Rollenspiel, an dem Philippus, König Ahab und Isebel beteiligt sind.

Die streng geheime Botschaft (1)

In der Geschichte um Nabots Weinberg gibt es zahlreiche Menschen, die schuldig werden. Hier findest du nun verschlüsselte Begriffe zu diesem Bereich. Die Wörter sind von hinten nach vorne abgedruckt und es fehlen die Vokale. Sie wurden durch das Zeichen * ersetzt.

1. Entschlüssele die Geheimschrift und finde zu den Begriffen einen Oberbegriff.

   a) GN*G*L**THC*N*B _____

   b) THC*RN* _____

   c) GN*LH*FR*V _____

   d) N*HC*RBR*V _____

   e) *DN**S _____

   f) T**KG*THC*LHCS _____

   g) R*LH*F _____

   h) HC*RBSTHC*R _____

   i) N*H*GR*V _____

   j) GN*ZT*LR*VTHC*LFP _____

   k) GN*T*RTR*B** _____

   l) TK*L*D _____

   → Oberbegriff: _____

2. Suche mindestens fünf Begriffe, die zu den Wörtern in Aufgabe 1 einen Gegensatz bilden.

Die streng geheime Botschaft (2)

3. Denke dir eine Geheimschrift aus und schreibe die Wörter aus Aufgabe 1 (S. 53) in deiner verschlüsselten Schrift.

Das Kriminalarchiv: Der Fall Ahab

Die Geschichten um Ahab, den König, der unrechtmäßig Land in Besitz nahm und Nabot ermorden ließ, wurden in der Dienststelle für Kriminalistik in Kanaan nach der unten stehenden Methode archiviert.

Versuche Begriffe oder Sätze aufzuschreiben, die mit dem Fall zusammenhängen und die mit den vorgegebenen Anfangsbuchstaben beginnen.

L _____
A _____
N _____
D _____
R _____
A _____
U _____
B _____

U _____
N _____
D _____

M _____
O _____
R _____
D _____

Kriminalgeschichten aus aller Welt: Landraub in Südamerika

Wir befinden uns im 21. Jahrhundert. Die Zeitschrift „Aufgeklärte Verbrechen" hat dich als Autor gewonnen.
Nach zahlreichen Recherchen veröffentlichst du einen Artikel mit der Überschrift:

Landraub in Südamerika

Schreibe den Artikel unter Berücksichtigung der folgenden Aspekte:
- Wie wird die Tat beschrieben?
- Welche Informationen gibt es über den Täter, welche über das Opfer?
- Was ist das Tatmotiv?
- Wie wird die Tat aufgeklärt?

6. Kapitel

Die grausame Schlacht: David gegen Goliat

Die Sensation: Der Favorit scheitert an einem Jungen aus unserem Dorf

An einem Sommertag des Jahres 1021 v.Chr. veröffentlichte die Zeitung „Betlehem Express" einen Artikel über den 13-jährigen David aus Betlehem, der Goliat, einen mächtigen Kämpfer aus den Reihen der Philister, besiegte.

Jahre später fand man die folgenden Informationen über den Fall:

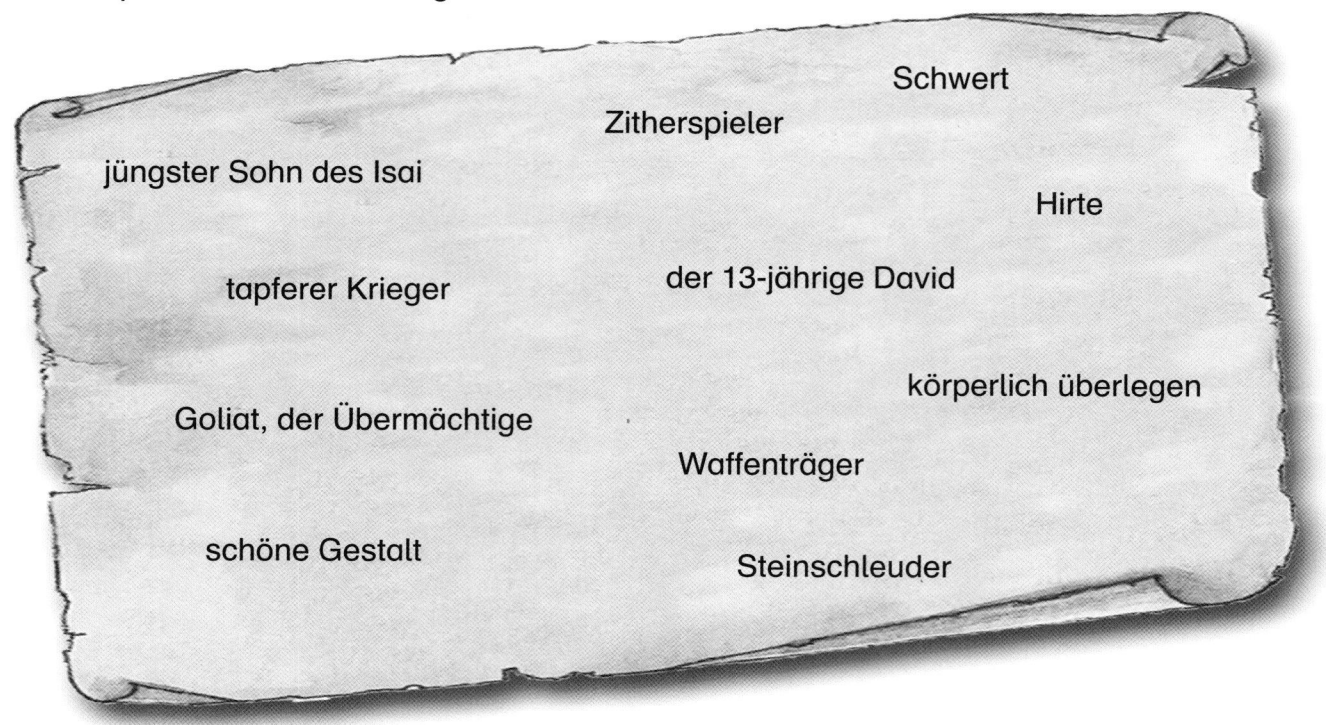

- Schwert
- Zitherspieler
- jüngster Sohn des Isai
- Hirte
- tapferer Krieger
- der 13-jährige David
- körperlich überlegen
- Goliat, der Übermächtige
- Waffenträger
- schöne Gestalt
- Steinschleuder

Schreibe auf, was du über den Fall weißt. Genauere Angaben findest du im 17. Kapitel des ersten Buches Samuel.

Die grausame Schlacht: David gegen Goliat

Die Bedrohung durch die Feinde (1)

Die Israeliten wurden zur Zeit Davids ständig durch Nachbarvölker bedroht. Besonders das Volk der Philister führte blutige Auseinandersetzungen gegen Israel. Sie waren den Israeliten militärisch weit überlegen, da sie ein Berufsheer besaßen und die Herstellung der eisernen Waffen kontrollierten.
Eines Tages wurden die Israeliten wieder einmal massiv von den Philistern bedroht.

Bearbeite den Text, der von diesem Ereignis berichtet, unter der folgenden Aufgabenstellung:

1. Unterstreiche die Aussagen über David und Goliat in unterschiedlichen Farben.

nach Sam 17, 1–40

1 Die Philister zogen ihre Truppen zum Kampf zusammen. Auch Saul und die Männer Israels sammelten sich und schlugen ihr Lager auf. Da trat aus dem Lager der Philister ein Vorkämpfer namens Goliat hervor. Er war sechs Ellen und eine Spanne groß. Auf seinem Kopf
5 hatte er einen Helm aus Bronze und er trug einen Schuppenpanzer aus Bronze. Er hatte bronzene Schienen an den Beinen und zwischen seinen Schultern hing ein Sichelschwert aus Bronze.
Goliat trat vor und rief zu den Reihen der Israeliten hinüber: Wählt euch doch einen Mann aus! Er soll zu mir herunterkommen. Wenn er
10 mich im Kampf erschlagen kann, wollen wir eure Knechte sein. Wenn ich ihm aber überlegen bin und ihn erschlage, dann sollt ihr unsere Knechte sein und uns dienen. Als Saul und ganz Israel diese Worte des Philisters hörten, erschraken sie und hatten große Angst.
David war der jüngste Sohn des Mannes namens Isai aus Betlehem
15 in Juda, der acht Söhne hatte. Die drei ältesten Söhne Isais waren zusammen mit Saul in den Krieg gezogen. David lebte am Hof Sauls. Er kehrte häufig von dort nach Betlehem zurück, um die Schafe seines Vaters zu hüten.
Der Philister kam jeden Morgen und Abend und stellte sich kampf-
20 bereit hin – vierzig Tage lang.
Eines Tages sagte Isai zu seinem Sohn David: Nimm für deine Brüder diese zehn Brote und lauf damit zu ihnen ins Lager.
Und diese zehn Käse bring dem Obersten der Tausendschaft!
Sieh nach, ob es deinen Brüdern gut geht.
25 David brach früh am Morgen auf. Als er zum Kriegslager kam, rückte das Heer gerade aus.
Die Israeliten und die Philister stellten sich, Reihe gegen Reihe, zum Kampf auf. David legte das Gepäck ab, überließ es dem Wächter des Trosses und lief zur Schlachtreihe. Er ging zu seinen Brüdern und
30 fragte, wie es ihnen gehe.

Die Bedrohung durch die Feinde (2)

nach Sam 17, 1–40

Während er noch mit ihnen redete, trat gerade aus den Reihen der Philister ihr Vorkämpfer, der Philister namens Goliat hervor; er rief die gewohnten Worte und David hörte es.
Als die Israeliten den Mann sahen, hatten sie alle große Angst vor
35 ihm und flohen. Sie sagten: Habt ihr gesehen, wie dieser Mann daherkommt? Er kommt doch nur, um Israel zu verhöhnen.
Wer ihn erschlägt, den wird der König sehr reich machen; er wird ihm seine Tochter geben und seine Familie wird er von allen Steuern in Israel befreien.
40 David fragte die Männer, die bei ihm standen: Was wird man für den Mann tun, der diesen Philister erschlägt und die Schande von Israel wegnimmt? Wer ist denn dieser Philister, dass er die Schlachtreihen des lebendigen Gottes verhöhnen darf?
Als bekannt wurde, was David gesagt hatte, berichtete man davon
45 auch in Sauls Umgebung und Saul ließ ihn holen.
David sagte zu Saul: Niemand soll wegen des Philisters den Mut sinken lassen. Dein Knecht wird hingehen und mit diesem Philister kämpfen.
Saul erwiderte ihm: Du kannst nicht zu diesem Philister hingehen,
50 um mit ihm zu kämpfen; du bist zu jung, er aber ist ein Krieger seit seiner Jugend.
David sagte zu Saul: Dein Knecht hat für seinen Vater die Schafe gehütet. Wenn ein Löwe oder ein Bär kam und ein Lamm aus der Herde wegschleppte, lief ich hinter ihm her, schlug auf ihn ein und
55 riss das Tier aus seinem Maul.
Dein Knecht hat den Löwen und den Bären erschlagen und diesem unbeschnittenen Philister soll es genauso ergehen wie ihnen, weil er die Schlachtreihe des lebendigen Gottes verhöhnt hat.
Und David sagte weiter: Der Herr, der mich aus der Gewalt des Löwen
60 und des Bären gerettet hat, wird mich auch aus der Gewalt dieses Philisters retten. Da antwortete Saul David: Geh, der Herr sei mit dir.
David nahm seinen Stock in die Hand, suchte sich fünf glatte Steine aus dem Bach und legte sie in die Hirtentasche, die er bei sich hatte und die ihm als Schleudersteintasche diente.

Die Bedrohung durch die Feinde (3)

2. Trage die Aussagen über David und Goliat stichpunktartig in die Tabelle ein.

David	Goliat

Davids Gespräch mit seinem Vater

Bevor David in die Schlacht zog, um gegen den mächtigen Philister Goliat zu kämpfen, besuchte er seinen Vater Isai in seinem Heimatort Betlehem.
Er sprach mit ihm über sein Vorhaben. Sein Vater war nicht begeistert. Er dachte an die Gefahren, denen sein Sohn in einer derartigen Situation ausgesetzt sein würde.

Entwickelt zu zweit ein Gespräch zwischen dem 13-jährigen David und seinem Vater.

Die grausame Schlacht (1)

David wollte gegen Goliat kämpfen und so die Israeliten retten. Als er das Schlachtfeld erreichte, trug er nur seine Hirtentasche, in der fünf glatte Steine für seine Steinschleuder. In der Bibel wird sein Zusammentreffen mit den Philistern beschrieben.

Lies den Text (nach 1 Sam 17, 40–51) durch und beantworte dann die Fragen auf der nächsten Seite.

nach 1 Sam 17, 40–51

1 Die Schleuder in der Hand, ging David auf den Philister zu. Der Philister Goliat kam immer näher an David heran; sein Schildträger schritt vor ihm her.
Voll Verachtung blickte er David an, denn David war noch
5 sehr jung, er war blond und von schöner Gestalt.
Er sagte zu David: Bin ich denn ein Hund, dass du mit einem Stock zur mir kommst? Und er verfluchte David bei seinen Göttern.
Er rief David zu: Komm nur her zu mir, ich werde dein Fleisch
10 den Vögeln des Himmels und den wilden Tieren zum Fraß geben.
David antwortete dem Philister: Du kommst zu mir mit Schwert, Speer und Sichelschwert, ich aber komme zu dir im Namen des Herrn der Heere, des Gottes der Schlachtreihen Israels,
15 den du verhöhnt hast.
Heute wird dich der Herr mir ausliefern. Ich werde dich erschlagen und dir den Kopf abhauen.
Als der Philister weiter vorrückte und immer näher an David herankam, lief auch David von der Schlachtreihe (der Israeliten)
20 aus schnell dem Philister entgegen.
Er griff in seine Hirtentasche, nahm einen Stein heraus, schleuderte ihn ab und traf den Philister an der Stirn.
Der Stein drang in die Stirn ein und der Philister fiel mit dem Gesicht zu Boden.
25 So besiegte David den Philister mit einer Schleuder und einem Stein; er traf den Philister und tötete ihn, ohne ein Schwert in der Hand zu haben.
Dann lief David hin und trat neben den Philister. Er ergriff sein Schwert, zog es aus der Scheide, schlug ihm den Kopf
30 ab und tötete ihn. Als die Philister sahen, dass ihr starker Mann tot war, flohen sie.

Die grausame Schlacht (2)

1. Warum siegte David?

_____

_____

_____

_____

_____

_____

_____

2. David steht in der Geschichte stellvertretend für das Volk der Israeliten und Goliat stellvertretend für das Volk der Philister.
   Schreibe Eigenschaften auf, die man den Israeliten und den Philistern zuordnen kann.

Die Israeliten	**Die Philister**

Urkunde für besonderen Mut

Die Zeitung „Betlehem Express" veröffentlichte nach der legendären Schlacht zwischen den Israeliten und den Philistern eine Urkunde, die David für besonderen Mut verliehen wurde.

Entwirf und gestalte diese Urkunde!

Ein Brief an David

Schreibe einen Brief an David, in dem du seine Tat beurteilst!

Die Mutmachgeschichte

Der Sieg des schwachen Davids über den mächtigen Goliat ist eine Geschichte, die im Alltag Mut machen soll. Sie fordert uns auf, Mut zu haben, …

- … große Aufgaben zu bewältigen.
- … Schwierigkeiten zu überwinden.
- … einen eigenen Weg zu gehen.
- … eigene Stärken zu erkennen.
- … sich auf Gott zu verlassen.

Schreibe eine Mutmachgeschichte, die in der heutigen Zeit spielt.

Das Kriminalarchiv: Die Schlacht gegen die Philister

Die Schlacht gegen die Philister wurde in der Dienststelle für Kriminalistik in Kanaan archiviert. Stelle dir vor, du führst zu diesem Zweck fünf Jahre später eine Befragung durch.
Schreibe sieben Fragen auf, die mit dem Fall zu tun haben.
Beantworte anschließend die Fragen oder lass diese von deinem Nachbarn beantworten.

Kriminalgeschichten aus aller Welt: Unterdrückung der Schwachen

Wir befinden uns im 21. Jahrhundert. Die Zeitschrift „Aufgeklärte Verbrechen" hat dich als Autor gewonnen.
Nach zahlreichen Recherchen veröffentlichst du einen Artikel mit der Überschrift:

Unterdrückung der Schwachen

Schreibe den Artikel unter Berücksichtigung der folgenden Aspekte:
- Wie wird die Tat beschrieben?
- Welche Informationen gibt es über den Täter, welche über das Opfer?
- Was ist das Tatmotiv?
- Wie wird die Tat aufgeklärt?

7. Kapitel

Ehebruch, Macht und Mord: David und Batseba

Ehebruch, Macht und Mord: David und Batseba

David – ein Mann mit Licht- und Schattenseiten

David, eine Heldenfigur im Alten Testament, wurde mit 30 Jahren König von ganz Israel. Er schlug die Philister, eroberte Jerusalem und machte diese Stadt zum religiösen Mittelpunkt. Das ganze Land blühte auf und hatte wirtschaftliche Erfolge.

In der Bibel werden aber nicht nur die positiven Seiten des Helden David geschildert. David wird als ein Mann dargestellt, der auch Schattenseiten hatte.

In diesem Buchstabenlabyrinth sind 13 positive und 13 negative Eigenschaften seiner Person senkrecht, waagerecht oder diagonal versteckt. Suche sie heraus und kennzeichne sie mit unterschiedlichen Farben.

B	L	A	T	A	P	F	E	R	W	H	R	V	H	R	T	J	K	S	Ö	S	T
W	E	G	P	O	I	A	Y	C	S	I	G	E	G	O	I	S	T	I	S	C	H
F	R	E	T	Z	U	L	M	M	D	N	E	R	U	E	N	M	M	H	K	I	E
Z	N	S	S	A	E	S	T	W	E	T	G	B	E	S	O	N	N	E	N	C	L
O	N	C	C	A	G	C	R	O	R	E	T	I	T	C	G	C	H	I	S	H	D
R	O	H	H	S	G	H	E	R	T	R	H	T	S	H	S	N	V	M	E	M	E
N	E	E	O	D	D	P	W	T	H	H	E	T	R	A	V	D	A	T	R	M	N
I	R	I	R	C	S	O	Z	G	T	Ä	R	E	E	R	M	N	R	Ü	H	E	H
G	T	T	M	H	C	Ä	T	E	E	L	D	R	V	F	M	I	T	C	T	R	A
H	H	S	M	D	H	E	R	W	G	T	D	T	H	S	Ü	E	T	K	B	F	F
E	S	A	G	E	R	L	Ö	A	N	I	H	N	R	I	R	D	A	I	G	V	T
R	T	R	S	N	O	P	G	N	R	G	K	G	H	N	E	E	R	S	B	G	O
A	V	T	H	S	K	D	F	D	H	N	M	L	T	N	J	R	E	C	B	T	Z
S	E	Z	M	T	E	T	R	T	R	O	P	P	U	I	T	T	H	H	E	R	T
E	R	U	N	G	W	R	Q	E	H	T	T	R	E	G	B	R	R	F	O	I	U
B	E	G	A	B	T	B	F	M	F	B	V	D	W	B	Ö	Ä	D	X	S	T	Z
U	W	E	M	A	S	S	R	Ü	E	K	C	K	M	T	S	C	H	Ö	N	N	B
S	C	H	U	L	D	I	G	N	L	N	N	U	E	T	E	H	F	W	A	O	S
H	F	B	W	L	K	D	S	E	N	L	T	D	D	G	F	T	D	E	S	R	E
T	D	T	Z	Ü	T	K	L	E	Y	I	T	Ö	R	E	I	I	T	H	R	G	N
I	N	T	E	L	T	Z	N	G	G	E	G	E	G	U	K	G	A	E	R	F	B
G	Y	A	G	G	H	E	D	U	C	E	D	F	E	R	M	F	H	F	B	J	I
E	G	F	D	B	M	N	N	Z	K	G	M	Ä	C	H	T	I	G	M	L	P	O
R	C	H	I	O	O	R	T	D	A	U	F	B	R	A	U	S	E	N	D	M	K
S	Q	W	T	R	E	C	D	F	M	U	S	I	K	A	L	I	S	C	H	T	H
U	N	E	R	S	C	H	R	O	C	K	E	N	V	D	E	N	G	R	D	R	E

Schlagzeilen: Ehebruch, Macht und Mord

König David führte am Königshof ein Leben in Luxus, während seine Soldaten für ihn in den Krieg ziehen mussten.
Das Volk erfuhr von seinen Abenteuern durch die überregionale Zeitung „Jerusalemer Nachrichten". Dort waren die unten stehenden Schlagzeilen abgedruckt.

Schreibe hierzu eine Kriminalgeschichte.

Soldaten im Krieg – König David lässt sich verwöhnen

Königliche Boten bringen die schöne Batseba in den Palast

Batseba – die Geliebte des Königs?

Ehebruch – ein Skandal

Die Schwangerschaft der Geliebten

Urija, Batsebas Mann, kämpft an vorderster Front

Der Tod des Urija – ein heimtückischer Mord???

Heiratsanzeige: Die Vermählung von David und Batseba

Die Geburt des Sohnes

Der Tod des Sohnes

David und Batseba (1)

Den genauen Tathergang kannst du in der Bibel nachlesen.

Dort wird die Beziehung zwischen David und Batseba beschrieben.
Lies den Text durch und beantworte anschließend die Aufgaben.

nach 2 Sam 11

1 Um die Jahreswende, zu der Zeit, in der die Könige in den Krieg ziehen, schickte David den Joab mit seinen Männern und ganz Israel aus und sie verwüsteten das Land der Ammoniter und belagerten Rabba. David selbst aber blieb in Jerusalem.

5 Als David einmal zur Abendzeit von seinem Lager aufstand und auf dem Flachdach des Königspalastes hin- und herging, sah er von dort aus eine Frau, die badete. Die Frau war sehr schön anzusehen. David schickte jemanden hin und erkundigte sich nach ihr. Man sagte ihm: Das ist Batseba, die Tochter Ammiëls, die Frau des Hetiters Urija.

10 Darauf schickte David Boten zu ihr und ließ sie holen; sie kam zu ihm, und er schlief mit ihr – sie hatte sich gerade von ihrer Unreinheit gereinigt. Dann kehrte sie in ihr Haus zurück.
Die Frau war aber schwanger geworden und schickte deshalb zu David und ließ ihm mitteilen: Ich bin schwanger.

15 Darauf sandte David einen Boten zu Joab (und ließ ihm sagen): Schick den Hetiter Urija zu mir!
Und Joab schickte Urija zu David.
Als Urija zu ihm kam, fragte David, ob es Joab und dem Volk gut gehe und wie es mit dem Kampf stehe. Dann sagte er zu Urija: Geh in dein Haus hinab, und
20 wasch dir die Füße! Urija verließ das Haus des Königs, und es wurde ihm ein Geschenk des Königs nachgetragen.
Urija aber legte sich am Tor des Königshauses bei den Knechten seines Herrn nieder und ging nicht in sein Haus hinab.
Man berichtete David: Urija ist nicht in sein Haus hinabgegangen.

25 Am folgenden Tag lud David ihn ein, bei ihm zu essen und zu trinken, und machte ihn betrunken. Am Abend aber ging Urija weg, um sich wieder auf seinem Lager bei den Knechten seines Herrn niederzulegen; er ging nicht in sein Haus hinab.
Am anderen Morgen schrieb David einen Brief an Joab. Er schrieb in dem Brief: Stellt Urija nach vorn, wo der Kampf am heftigsten ist, dann zieht euch von
30 ihm zurück, so dass er getroffen wird und den Tod findet.
Joab hatte die belagerte Stadt beobachtet und er stellte Urija an einen Platz, von dem er wusste, dass dort besonders tüchtige Krieger standen.
Als dann die Leute aus der Stadt gegen Joab kämpften, fielen einige vom Volk, das heißt von den Kriegern Davids; auch der Hetiter Urija fand den Tod.

35 Joab schickte (einen Boten) zu David und ließ ihm den Verlauf des Kampfes berichten.
Der Bote ging fort, kam zu David und berichtete ihm alles, was Joab ihm aufgetragen hatte.
Als die Frau Urijas hörte, dass ihr Mann Urija tot war, hielt sie für ihren Gemahl
40 die Totenklage. Sobald die Trauerzeit vorüber war, ließ David sie zu sich in sein Haus holen. Sie wurde seine Frau und gebar ihm einen Sohn. Dem Herrn aber missfiel, was David getan hatte.

David und Batseba (2)

1. In der Bibel wird berichtet, dass David in mehrfacher Weise schuldig wurde. Beschreibe die einzelnen Begebenheiten.

   _____
   _____
   _____
   _____
   _____
   _____

2. Stelle dir vor, die Geschichte nähme einen anderen Verlauf. Urija, der Mann Batsebas, ginge nach dem Gespräch mit David nicht zu seinen Männern, sondern zu seiner Frau Batseba. Was könnte dann passieren? Setze die Geschichte fort.

   _____
   _____
   _____
   _____
   _____
   _____
   _____
   _____
   _____
   _____
   _____

Gottes Strafe für David (1)

Der Prophet Natan, ein guter Freund Davids, wurde von Gott beauftragt, zum König zu gehen und Gottes Missfallen über seine Tat zum Ausdruck zu bringen. Im zweiten Buch Samuel wird diese Begegnung beschrieben.
Lies den Text und beantworte anschließend die Fragen.

nach 2 Sam 12

1 Natan ging zu David und sagte zu ihm:
In einer Stadt lebten einst zwei Männer; der eine war reich, der andere arm. Der Reiche besaß sehr viele Schafe und Rinder, der Arme aber besaß nichts außer einem einzigen kleinen Lamm, das er
5 gekauft hatte. Er zog es auf und es wurde bei ihm zusammen mit seinen Kindern groß. Es aß von seinem Stück Brot und es trank aus seinem Becher, in seinem Schoß lag es und war für ihn wie eine Tochter.
Da kam ein Besucher zu dem reichen Mann und er brachte es nicht
10 über sich, eines von seinen Schafen oder Rindern zu nehmen, um es für den zuzubereiten, der zu ihm gekommen war.
Darum nahm er dem Armen das Lamm weg und bereitete es für den Mann zu, der zu ihm gekommen war.
Da geriet David in heftigen Zorn über den Mann und sagte zu Natan:
15 So wahr der Herr lebt: Der Mann, der das getan hat, verdient den Tod.
Da sagte Natan zu David: Du selbst bist der Mann.
Ja, du hast es heimlich getan, ich aber werde es vor ganz Israel und am hellen Tag tun.
Darauf sagte David zu Natan: Ich habe gegen den Herrn gesündigt.
20 Natan antwortete David:
Der Herr hat dir deine Sünde vergeben; du wirst nicht sterben.
Weil du aber die Feinde des Herrn durch diese Sache zum Lästern veranlasst hast, muss der Sohn, der dir geboren wird, sterben.
Dann ging Natan nach Hause. Der Herr aber ließ das Kind, das die
25 Frau des Urija dem David geboren hatte, schwer krank werden.
David suchte Gott wegen des Knaben auf und fastete streng; und wenn er heimkam, legte er sich bei Nacht auf die bloße Erde.
Am siebten Tag aber starb das Kind.
Da erhob sich David von der Erde, wusch sich, salbte sich, wechselte
30 seine Kleider, ging zum Haus des Herrn und warf sich davor nieder.
Als er dann in den Palast zurückkehrte, tröstete er seine Frau Batseba.
Bald darauf gebar Batseba einen weiteren Sohn und er gab ihm den Namen Salomo.
35 Der Herr liebte Salomo über alles.

Gottes Strafe für David (2)

1. Natan erzählte David eine Geschichte. Rahme diese mit einem farbigen Stift ein, lies sie noch einmal durch und schreibe auf, was Natan David mit dieser Geschichte sagen wollte.

   _____
   _____
   _____
   _____
   _____

2. Beschreibe die Reaktion Davids und die Reaktion Gottes.

   _____
   _____
   _____
   _____

3. Suche dir einen Partner/eine Partnerin. Schreibt gemeinsam zu der Geschichte ein Rollenspiel.

   _____
   _____
   _____
   _____
   _____
   _____

Das Kriminalarchiv: Ehebruch, Macht und Mord

Das Vergehen Davids wurde in der Dienststelle für Kriminalistik in Kanaan schriftlich festgehalten und archiviert.
Vervollständige das Dokument.

Beschreibung des Täters:

_____

_____

Beschreibung des Opfers:

_____

_____

Weitere beteiligte Personen:

_____

_____

Tathergang:

_____

_____

Tatmotiv:

_____

_____

Kriminalgeschichten aus aller Welt: Sex, Macht und Geld

Wir befinden uns im 21. Jahrhundert. Die Zeitschrift „Aufgeklärte Verbrechen" hat dich als Autor gewonnen.
Nach zahlreichen Recherchen veröffentlichst du einen Artikel mit der Überschrift:

Sex, Macht und Geld

Schreibe den Artikel unter Berücksichtigung der folgenden Aspekte:
- Wie wird die Tat beschrieben?
- Welche Informationen gibt es über den Täter, welche über das Opfer?
- Was ist das Tatmotiv?
- Wie wird die Tat aufgeklärt?

8. Kapitel

Sonderausgabe der Jerusalemer Nachrichten: Der Fall Jesus

Einführung in das Projekt

Wir befinden uns im Jahre 50 n. Chr.

Der Chefredakteur der Zeitung „Jerusalemer Nachrichten" entdeckt im Archiv unter der Rubrik „Der Fall Jesus" einige Prozessakten, in denen Berichte vom heimtückischen Verrat an Jesus, vom üblen Verhör vor dem Hohen Rat, von der feigen Verleugnung durch Petrus bis hin zum grausamen Todesurteil und der barbarischen Kreuzigung Jesu zu finden sind. Voller Interesse studiert er die Texte und erkennt, dass noch viele Fragen offen bleiben. Die Neugier hat ihn ergriffen und er beschließt, diesen Fall noch einmal genau zu untersuchen. Zum Abschluss seiner Recherchen will er eine Sonderausgabe der „Jerusalemer Nachrichten" herausgeben, die sich ausschließlich mit dem Fall beschäftigt. Er engagiert zwei Reporter. Die Gruppe macht sich an die Arbeit. Zunächst werden Zeitzeugen gesucht, die die damaligen Ereignisse miterlebt haben. Alle Neuigkeiten werden zusammengetragen und mit alten Quellen verglichen. Anschließend wird überlegt, wie man die Sonderausgabe gliedern kann. Sponsoren für die Finanzierung der Zeitung müssen gewonnen werden. Zahlreiche weitere Arbeiten werden sich erst im Laufe des Projekts ergeben. Die einzelnen Aufgaben können unter den Gruppenmitgliedern aufgeteilt werden. Abschließend wird eine gemeinsame Projektmappe erstellt.

**Erstellt in Dreiergruppen zum Fall Jesus eine Zeitung.
Bearbeitet dazu im Laufe des Projekts die nachfolgenden Arbeitsblätter.**

Interview mit Nikodemus, Zeuge des heimtückischen Verrates an Jesus (1)

Wir befinden uns im Jahre 50 n. Chr.
Der Chefredakteur und zwei Reporter der Zeitung „Jerusalemer Nachrichten" finden bei ihren Untersuchungen des Falles Jesus einige Zeitzeugen, die verschiedene Ereignisse um den Tod Jesu miterlebt haben. Einer dieser Zeitzeugen ist Nikodemus, ein Tuchhändler aus Jerusalem. Er war beim Verrat durch Judas und der anschließenden Gefangennahme Jesu dabei.

Lest zunächst den Bibeltext aus dem 14. Kapitel des Markusevangeliums und führt anschließend auf dieser Textgrundlage für die Sonderausgabe eurer Zeitung ein Interview mit Nikodemus durch.

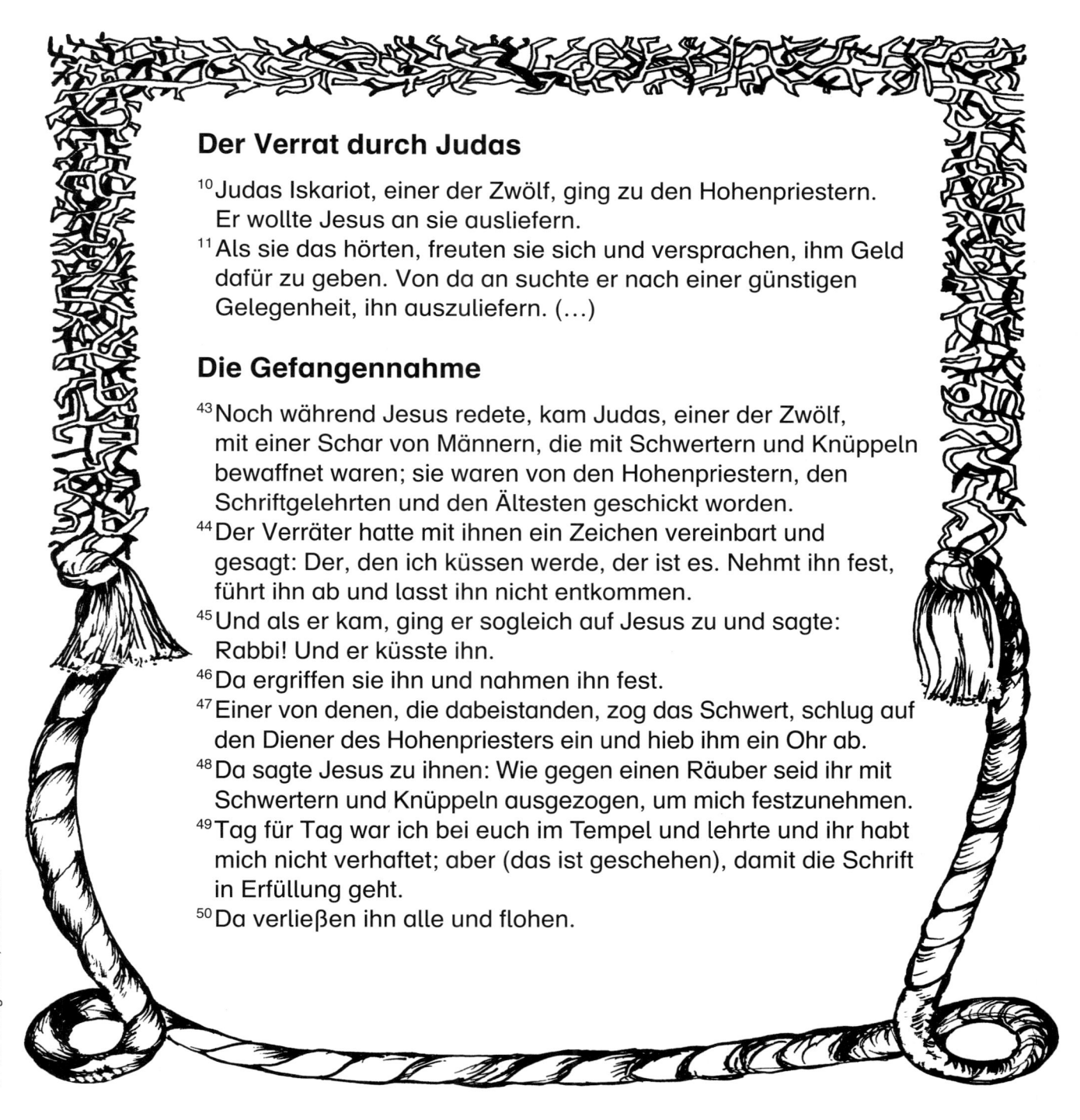

Der Verrat durch Judas

¹⁰ Judas Iskariot, einer der Zwölf, ging zu den Hohenpriestern. Er wollte Jesus an sie ausliefern.
¹¹ Als sie das hörten, freuten sie sich und versprachen, ihm Geld dafür zu geben. Von da an suchte er nach einer günstigen Gelegenheit, ihn auszuliefern. (…)

Die Gefangennahme

⁴³ Noch während Jesus redete, kam Judas, einer der Zwölf, mit einer Schar von Männern, die mit Schwertern und Knüppeln bewaffnet waren; sie waren von den Hohenpriestern, den Schriftgelehrten und den Ältesten geschickt worden.
⁴⁴ Der Verräter hatte mit ihnen ein Zeichen vereinbart und gesagt: Der, den ich küssen werde, der ist es. Nehmt ihn fest, führt ihn ab und lasst ihn nicht entkommen.
⁴⁵ Und als er kam, ging er sogleich auf Jesus zu und sagte: Rabbi! Und er küsste ihn.
⁴⁶ Da ergriffen sie ihn und nahmen ihn fest.
⁴⁷ Einer von denen, die dabeistanden, zog das Schwert, schlug auf den Diener des Hohenpriesters ein und hieb ihm ein Ohr ab.
⁴⁸ Da sagte Jesus zu ihnen: Wie gegen einen Räuber seid ihr mit Schwertern und Knüppeln ausgezogen, um mich festzunehmen.
⁴⁹ Tag für Tag war ich bei euch im Tempel und lehrte und ihr habt mich nicht verhaftet; aber (das ist geschehen), damit die Schrift in Erfüllung geht.
⁵⁰ Da verließen ihn alle und flohen.

Interview mit Nikodemus, Zeuge des heimtückischen Verrates an Jesus (2)

Das Interview:

Interview mit Kaiphas, Mitglied des Hohen Rates (1)

Wir befinden uns im Jahre 50 n. Chr.
Der Chefredakteur und zwei Reporter der Zeitung „Jerusalemer Nachrichten" finden bei ihren Untersuchungen des Falles Jesus einige Zeitzeugen, die verschiedene Ereignisse um den Tod Jesu miterlebt haben.
Einer dieser Zeitzeugen ist Kaiphas, ein Schriftgelehrter aus Jerusalem. Er war Zeuge des Verhörs Jesu vor dem Hohen Rat.

Lest zunächst den Bibeltext aus dem 14. Kapitel des Markusevangeliums durch und führt anschließend auf dieser Textgrundlage für die Sonderausgabe eurer Zeitung ein Interview mit Kaiphas durch.

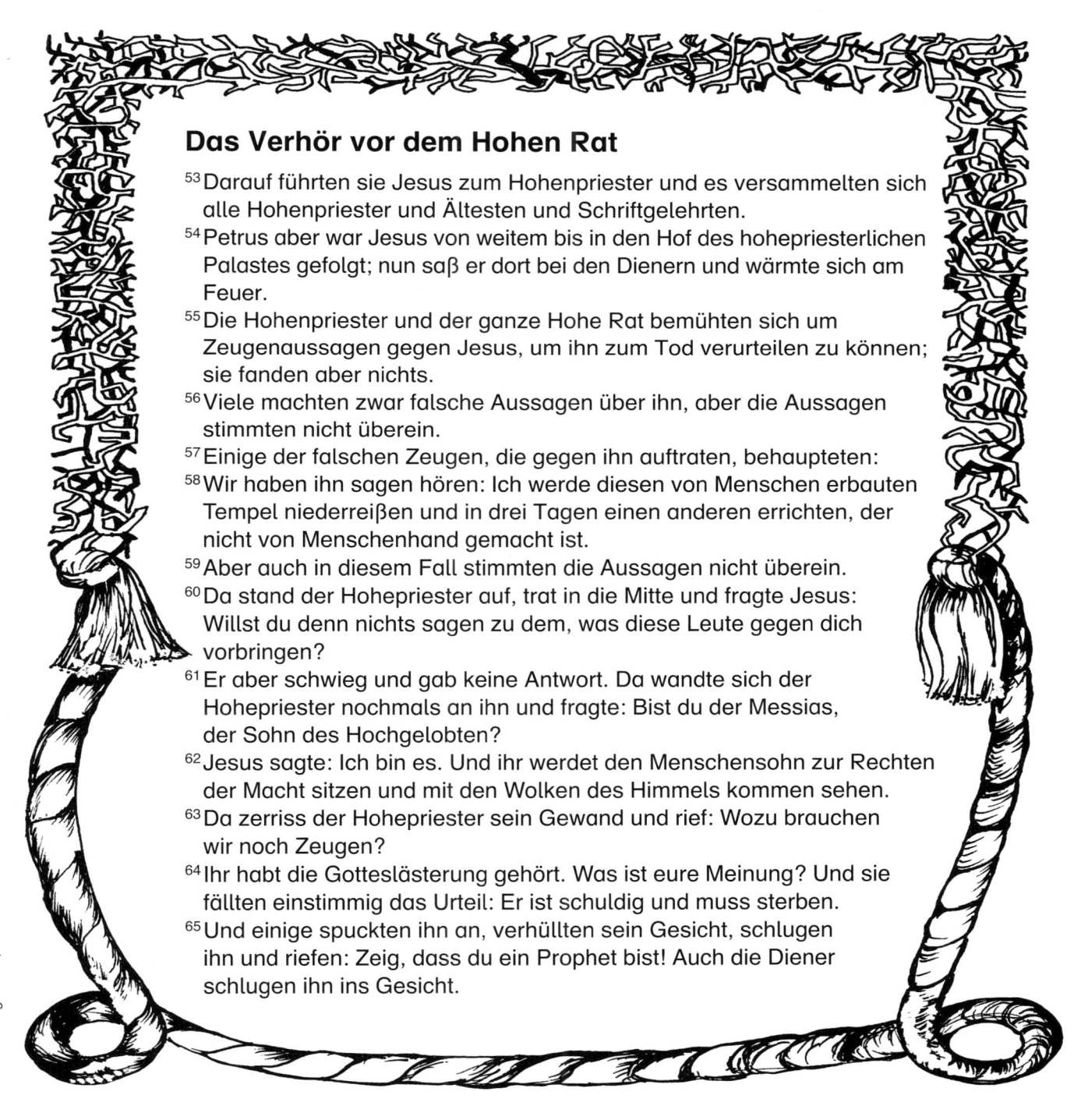

Das Verhör vor dem Hohen Rat

53 Darauf führten sie Jesus zum Hohenpriester und es versammelten sich alle Hohenpriester und Ältesten und Schriftgelehrten.
54 Petrus aber war Jesus von weitem bis in den Hof des hohepriesterlichen Palastes gefolgt; nun saß er dort bei den Dienern und wärmte sich am Feuer.
55 Die Hohenpriester und der ganze Hohe Rat bemühten sich um Zeugenaussagen gegen Jesus, um ihn zum Tod verurteilen zu können; sie fanden aber nichts.
56 Viele machten zwar falsche Aussagen über ihn, aber die Aussagen stimmten nicht überein.
57 Einige der falschen Zeugen, die gegen ihn auftraten, behaupteten:
58 Wir haben ihn sagen hören: Ich werde diesen von Menschen erbauten Tempel niederreißen und in drei Tagen einen anderen errichten, der nicht von Menschenhand gemacht ist.
59 Aber auch in diesem Fall stimmten die Aussagen nicht überein.
60 Da stand der Hohepriester auf, trat in die Mitte und fragte Jesus: Willst du denn nichts sagen zu dem, was diese Leute gegen dich vorbringen?
61 Er aber schwieg und gab keine Antwort. Da wandte sich der Hohepriester nochmals an ihn und fragte: Bist du der Messias, der Sohn des Hochgelobten?
62 Jesus sagte: Ich bin es. Und ihr werdet den Menschensohn zur Rechten der Macht sitzen und mit den Wolken des Himmels kommen sehen.
63 Da zerriss der Hohepriester sein Gewand und rief: Wozu brauchen wir noch Zeugen?
64 Ihr habt die Gotteslästerung gehört. Was ist eure Meinung? Und sie fällten einstimmig das Urteil: Er ist schuldig und muss sterben.
65 Und einige spuckten ihn an, verhüllten sein Gesicht, schlugen ihn und riefen: Zeig, dass du ein Prophet bist! Auch die Diener schlugen ihn ins Gesicht.

Interview mit Kaiphas, Mitglied des Hohen Rates (2)

Das Interview:

Interview mit Judith, Zeugin der Verleugnung durch Petrus (1)

Wir befinden uns im Jahre 50 n. Chr.
Der Chefredakteur und zwei Reporter der Zeitung „Jerusalemer Nachrichten" finden bei ihren Untersuchungen des Falles Jesus einige Zeitzeugen, die verschiedene Ereignisse um den Tod Jesu miterlebt haben.
Eine Zeitzeugin ist Judith, eine Magd des Hohenpriesters Jakob aus Jerusalem. Sie war Zeugin der feigen Verleugnung durch Petrus.

Lest zunächst den Bibeltext aus dem 14. Kapitel des Markusevangeliums durch und führt anschließend auf dieser Textgrundlage für die Sonderausgabe eurer Zeitung ein Interview mit Judith.

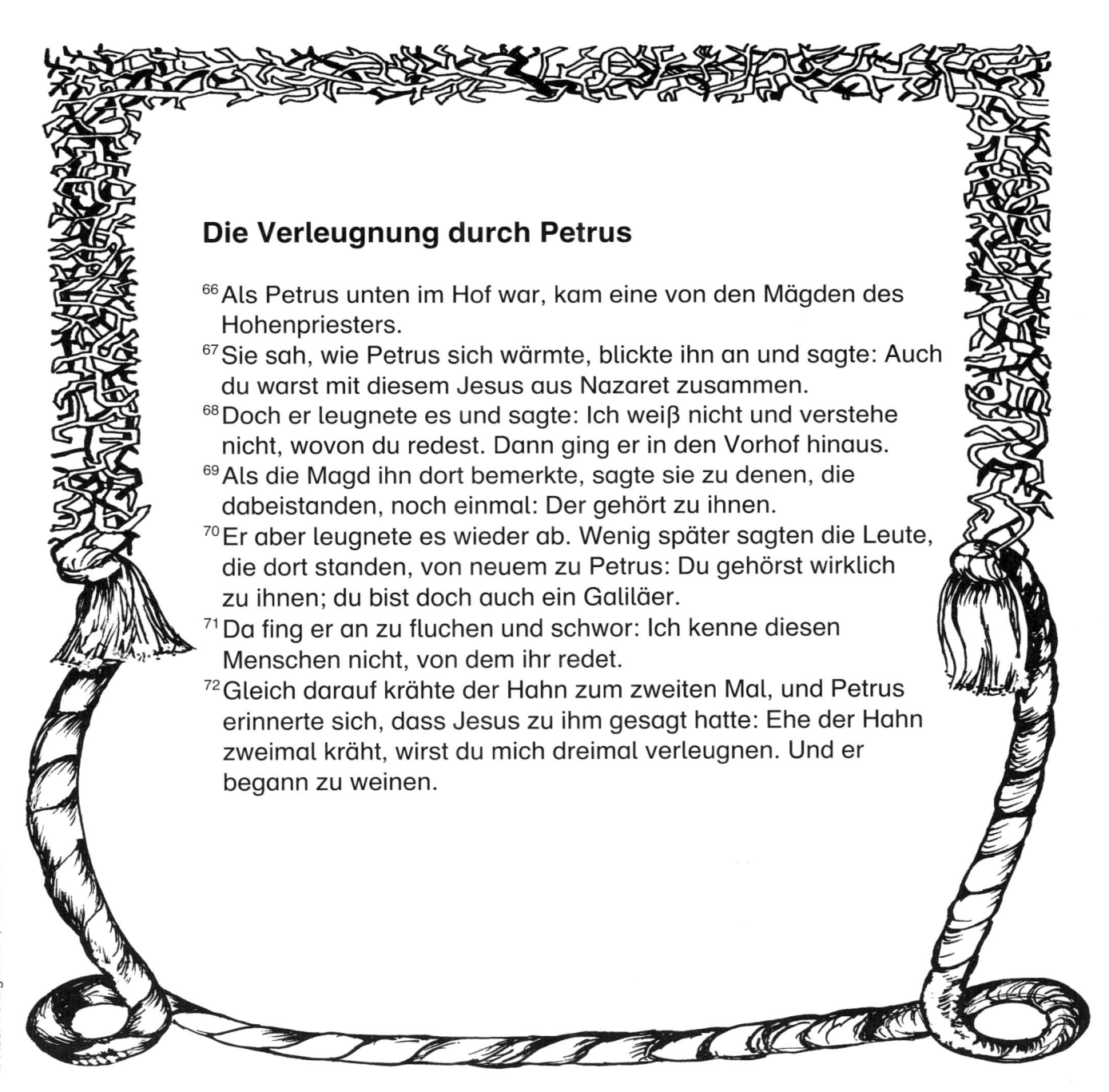

Die Verleugnung durch Petrus

66 Als Petrus unten im Hof war, kam eine von den Mägden des Hohenpriesters.
67 Sie sah, wie Petrus sich wärmte, blickte ihn an und sagte: Auch du warst mit diesem Jesus aus Nazaret zusammen.
68 Doch er leugnete es und sagte: Ich weiß nicht und verstehe nicht, wovon du redest. Dann ging er in den Vorhof hinaus.
69 Als die Magd ihn dort bemerkte, sagte sie zu denen, die dabeistanden, noch einmal: Der gehört zu ihnen.
70 Er aber leugnete es wieder ab. Wenig später sagten die Leute, die dort standen, von neuem zu Petrus: Du gehörst wirklich zu ihnen; du bist doch auch ein Galiläer.
71 Da fing er an zu fluchen und schwor: Ich kenne diesen Menschen nicht, von dem ihr redet.
72 Gleich darauf krähte der Hahn zum zweiten Mal, und Petrus erinnerte sich, dass Jesus zu ihm gesagt hatte: Ehe der Hahn zweimal kräht, wirst du mich dreimal verleugnen. Und er begann zu weinen.

Interview mit Judith, Zeugin der Verleugnung durch Petrus (2)

Das Interview:

Interview mit Barabbas, dem freigelassenen Verbrecher (1)

Wir befinden uns im Jahre 50 n. Chr.
Der Chefredakteur und zwei Reporter der Zeitung „Jerusalemer Nachrichten" finden bei ihren Untersuchungen des Falles Jesus einige Zeitzeugen, die verschiedene Ereignisse um den Tod Jesu miterlebt haben.
Einer dieser Zeitzeugen ist Barabbas, der im Jahr, als Jesus starb, zum Paschafest aus der Gefangenschaft entlassen wurde. Er war bei der Verhandlung des Falles Jesus vor dem Römer Pilatus dabei.

Lest zunächst den Bibeltext aus dem 15. Kapitel des Markusevangeliums durch und führt anschließend auf dieser Textgrundlage für die Sonderausgabe eurer Zeitung ein Interview mit Barabbas.

Die Verhandlung vor Pilatus

[1] Gleich in der Frühe fassten die Hohenpriester, die Ältesten und die Schriftgelehrten, also der ganze Hohe Rat, über Jesus einen Beschluss: Sie ließen ihn fesseln und abführen und lieferten ihn Pilatus aus. [2] Pilatus fragte ihn: Bist du der König der Juden? Er antwortete ihm: Du sagst es. [3] Die Hohenpriester brachten viele Anklagen gegen ihn vor. [4] Da wandte sich Pilatus wieder an ihn und fragte: Willst du denn nichts dazu sagen? Sieh doch, wie viele Anklagen sie gegen dich vorbringen. [5] Jesus aber gab keine Antwort mehr, so dass Pilatus sich wunderte.
[6] Jeweils zum Fest ließ Pilatus einen Gefangenen frei, den sie sich ausbitten durften. [7] Damals saß gerade ein Mann namens Barabbas im Gefängnis, zusammen mit anderen Aufrührern, die bei einem Aufstand einen Mord begangen hatten. [8] Die Volksmenge zog (zu Pilatus) hinauf und bat, ihnen die gleiche Gunst zu gewähren wie sonst. [9] Pilatus fragte sie: Wollt ihr, dass ich den König der Juden freilasse? [10] Er merkte nämlich, dass die Hohenpriester nur aus Neid Jesus an ihn ausgeliefert hatten. [11] Die Hohenpriester aber wiegelten die Menge auf, lieber die Freilassung des Barabbas zu fordern. [12] Pilatus wandte sich von neuem an sie und fragte: Was soll ich denn mit dem tun, den ihr den König der Juden nennt? [13] Da schrien sie: Kreuzige ihn! [14] Pilatus entgegnete: Was hat er denn für ein Verbrechen begangen? Sie schrien noch lauter: Kreuzige ihn! [15] Darauf ließ Pilatus, um die Menge zufrieden zu stellen, Barabbas frei und gab den Befehl, Jesus zu geißeln und zu kreuzigen.

Interview mit Barabbas, dem freigelassenen Verbrecher (2)

Das Interview:

ature

Interview mit Simon von Zyrene, Zeuge der Kreuzigung (1)

Wir befinden uns im Jahre 50 n. Chr.
Der Chefredakteur und zwei Reporter der Zeitung „Jerusalemer Nachrichten" finden bei ihren Untersuchungen zum Fall Jesus einige Zeitzeugen, die verschiedene Ereignisse um den Tod Jesu miterlebt haben.
Einer der Zeitzeugen ist Simon von Zyrene, den die Soldaten zwangen, Jesus zu helfen, sein Kreuz zu tragen. Er war Zeuge der grausamen Kreuzigung Jesu.

Lest zunächst den Bibeltext aus dem 15. Kapitel des Markusevangeliums durch und führt anschließend auf dieser Textgrundlage für die Sonderausgabe eurer Zeitung ein Interview mit Simon von Zyrene.

Die Kreuzigung

21 Einen Mann, der gerade vom Feld kam, Simon von Zyrene, den Vater des Alexander und des Rufus, zwangen sie, sein Kreuz zu tragen. 22 Und sie brachten Jesus an einen Ort namens Golgota, das heißt übersetzt: Schädelhöhe. 23 Dort reichten sie ihm Wein, der mit Myrrhe gewürzt war; er aber nahm ihn nicht. 24 Dann kreuzigten sie ihn. Sie warfen das Los und verteilten seine Kleider unter sich und gaben jedem, was ihm zufiel. 25 Es war die dritte Stunde, als sie ihn kreuzigten. 26 Und eine Aufschrift (auf einer Tafel) gab seine Schuld an: Der König der Juden. 27 Zusammen mit ihm kreuzigten sie zwei Räuber, den einen rechts von ihm, den anderen links. 28 ... 29 Die Leute, die vorbeikamen, verhöhnten ihn, schüttelten den Kopf und riefen: Ach, du willst den Tempel niederreißen und in drei Tagen wieder aufbauen? 30 Hilf dir doch selbst und steig herab vom Kreuz! 31 Auch die Hohenpriester und die Schriftgelehrten verhöhnten ihn und sagten zueinander: Anderen hat er geholfen, sich selbst kann er nicht helfen. 32 Der Messias, der König von Israel! Er soll doch jetzt vom Kreuz herabsteigen, damit wir sehen und glauben. Auch die beiden Männer, die mit ihm zusammen gekreuzigt wurden, beschimpften ihn.

Der Tod Jesu

33 Als die sechste Stunde kam, brach über das ganze Land eine Finsternis herein. Sie dauerte bis zur neunten Stunde. 34 Und in der neunten Stunde rief Jesus mit lauter Stimme: Eloï, Eloï, lema sabachtani?, das heißt übersetzt: Mein Gott, mein Gott, warum hast du mich verlassen? 35 Einige von denen, die dabeistanden und es hörten, sagten: Hört, er ruft nach Elija! 36 Einer lief hin, tauchte einen Schwamm in Essig, steckte ihn auf einen Stock und gab Jesus zu trinken. Dabei sagte er: Lasst uns doch sehen, ob Elija kommt und ihn herabnimmt. 37 Jesus aber schrie laut auf. Dann hauchte er den Geist aus. 38 Da riss der Vorhang im Tempel von oben bis unten entzwei. 39 Als der Hauptmann, der Jesus gegenüberstand, ihn auf diese Weise sterben sah, sagte er: Wahrhaftig dieser Mensch war Gottes Sohn. 40 Auch einige Frauen sahen von weitem zu, darunter Maria aus Magdala, Maria, die Mutter von Jakobus dem Kleinen und Joses, sowie Salome; 41 sie waren Jesus schon in Galiläa nachgefolgt und hatten ihm gedient. Noch viele andere Frauen waren dabei, die mit ihm nach Jerusalem hinaufgezogen waren.

Interview mit Simon von Zyrene, Zeuge der Kreuzigung (2)

Das Interview:

Leserbriefe: Meinungen zum Fall Jesus (1)

In der Zeitung der „Jerusalemer Nachrichten" gibt es eine Rubrik, in der Leserbriefe abgedruckt werden. Auch in der Sonderausgabe zum Fall Jesus soll es eine Seite geben, in der die Leser frei ihre Meinung äußern dürfen.

Schreibt Leserbriefe zu den folgenden Themen:
- Der Verrat durch Judas
- Die Verleugnung durch Petrus
- Das Verhör und die Verhandlung vor Pilatus
- Die Hilfe durch Simon von Zyrene
- …

Denkt euch weitere Themen zum Fall Jesus aus, zu denen ihr in Form von Leserbriefen Stellung nehmt.

Leserbrief: Der Verrat duch Judas

_____
_____
_____
_____
_____
_____
_____
_____
_____
_____
_____
_____

Leserbriefe: Meinungen zum Fall Jesus (2)

Leserbrief: Die Verleugnung duch Petrus

_____
_____
_____
_____
_____
_____
_____
_____

Leserbrief: Das Verhör und die Verhandlung vor Pilatus

_____
_____
_____
_____
_____
_____
_____
_____

Leserbriefe: Meinungen zum Fall Jesus (3)

Leserbrief: Die Hilfe durch Simon von Zyrene

_____
_____
_____
_____
_____
_____
_____
_____

Leserbrief: _____

_____
_____
_____
_____
_____
_____
_____

Titelblatt der Sonderausgabe: Der Fall Jesus

Die Sonderausgabe der „Jerusalemer Nachrichten" zum Fall Jesus sucht einen Künstler, der ein interessantes Titelblatt gestaltet.

Gestaltet das Titelblatt für die Sonderausgabe.

Freier Beitrag für die Sonderausgabe: Der Fall Jesus

Die Sonderausgabe enthält noch weitere interessante Beiträge über den Fall Jesus.

Schreibt als Reporter mindestens noch einen Artikel über einen Bereich, der die Leser brennend interessiert.

Lösungen

Die Tat: Kain erschlägt Abel (2)

Im Alten Testament wird Kains Brudermord im vierten Kapitel des Buches Genesis ausführlich beschrieben. Lies den Text und beantworte anschließend die dazugehörigen Aufgaben.

1. Gliedere den Text in Abschnitte und gib jedem Abschnitt eine Überschrift.

   Vers 1 – Vers 2: Die Geburt Kains und Abels

   Vers 3 – Vers 6: Die Opfer und die Reaktion Gottes

   Vers 8: Die Tat

   Vers 9 – Vers 16: Die Reaktion auf die Tat

2. Was erfährst du über den Täter Kain?

   Kain war der Bruder von Abel. Von Beruf war er Ackerbauer. Da er der Ältere war, hatte er Privilegien gegenüber seinem jüngeren Bruder. Er war aber eifersüchtig auf Abel, weil Gott nur auf Abels Opfer schaute. Daraufhin erschlug er seinen Bruder.

   Kain war jähzornig, aggressiv, wütend, egoistisch und rücksichtslos.

3. Was erfährst du über das Opfer Abel?

   Abel war der Bruder von Kain. Von Beruf war er Schafhirte. Da Kain sein älterer Bruder war, besaß Abel nicht so viele Rechte wie Kain. Er stand an zweiter Stelle. Dennoch war er der Liebling Gottes, da Gott auf sein Opfer schaute. Abel war gläubig und fromm, aber auch schwach.

4. Wie reagierte Gott auf die Tat?

   Zunächst verfluchte Gott den Täter Kain und verbannte ihn von seinem Ackerboden. Als Kain dann aber Reue zeigte, versprach Gott ihn zu beschützen.

Steckbrief: Gesucht wegen Mordes

Vervollständige den Steckbrief mit Hilfe der Lückenwörter.

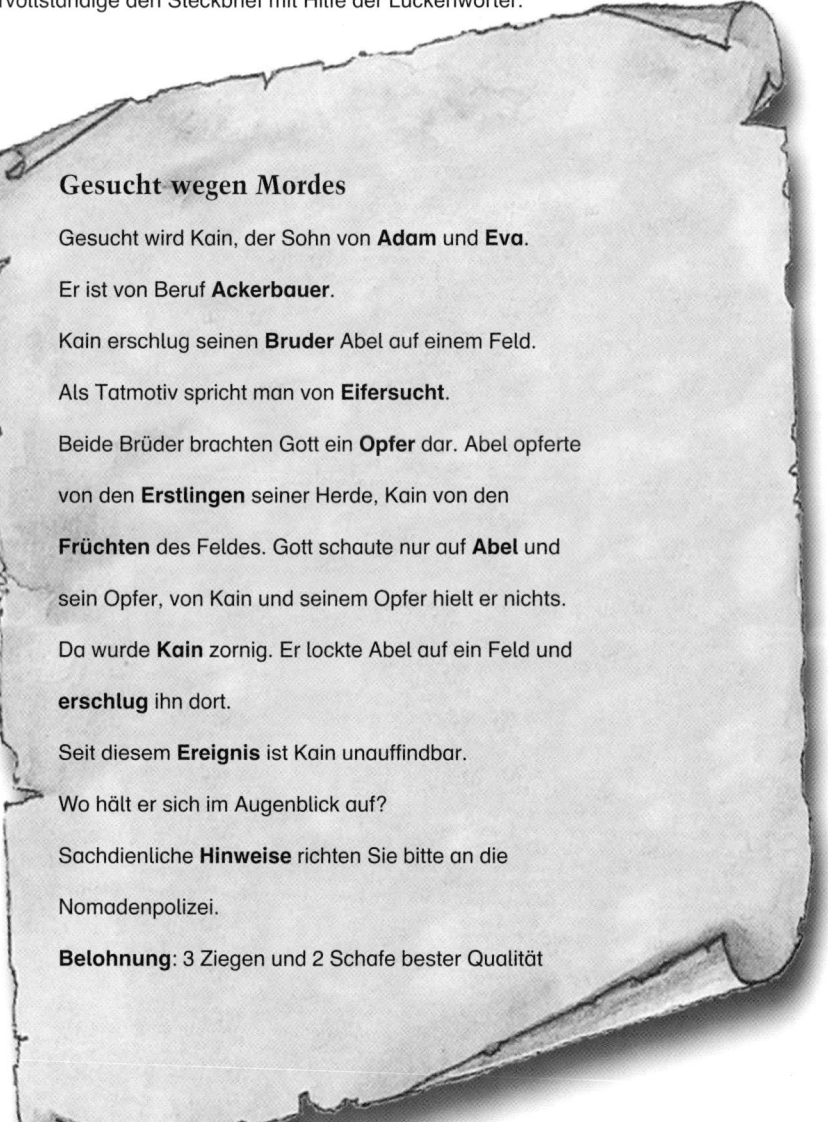

Gesucht wegen Mordes

Gesucht wird Kain, der Sohn von **Adam** und **Eva**.

Er ist von Beruf **Ackerbauer**.

Kain erschlug seinen **Bruder** Abel auf einem Feld.

Als Tatmotiv spricht man von **Eifersucht**.

Beide Brüder brachten Gott ein **Opfer** dar. Abel opferte von den **Erstlingen** seiner Herde, Kain von den **Früchten** des Feldes. Gott schaute nur auf **Abel** und sein Opfer, von Kain und seinem Opfer hielt er nichts. Da wurde **Kain** zornig. Er lockte Abel auf ein Feld und **erschlug** ihn dort.

Seit diesem **Ereignis** ist Kain unauffindbar.

Wo hält er sich im Augenblick auf?

Sachdienliche **Hinweise** richten Sie bitte an die Nomadenpolizei.

Belohnung: 3 Ziegen und 2 Schafe bester Qualität

Lückenwörter: Abel, Belohnung, Kain, Ackerbauer, erschlug, Hinweise, Bruder, Eifersucht, Früchten, Eva, Erstlingen, Adam, Opfer, Ereignis

Streng geheim: Der Täter Kain und das Opfer Abel (1)

Es liegen weitere Informationen über die Brüder Kain und Abel vor. Die Begriffe sind allerdings verschlüsselt. Im Vorfeld wurde ermittelt, dass die Zahl 6 für die Entschlüsselung sehr wichtig ist. Weiterhin liegen bereits die folgenden entschlüsselten Wörter vor:

QGOT → KAIN
ATJ → UND
GHKL → ABEL

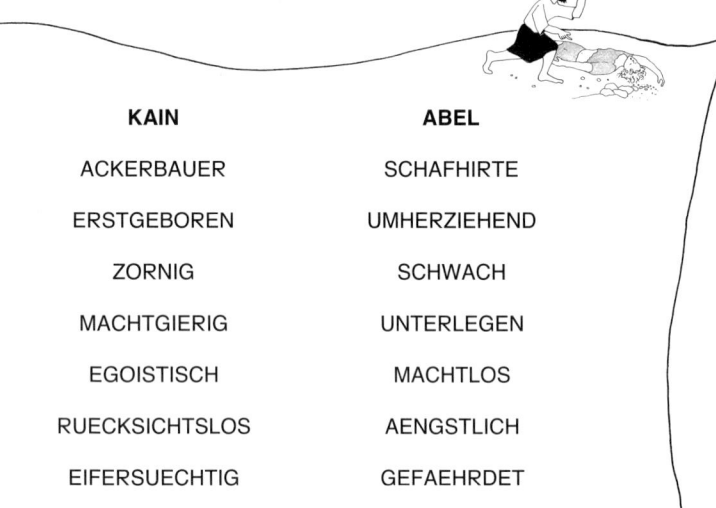

1. Entschlüssele die Geheimschrift. Gehe folgendermaßen vor: Ordne die Buchstaben der entschlüsselten Wörter den geheimen Buchstaben zu und versuche dann nach einem bestimmten Schema die übrigen Buchstaben zu ersetzen. Die Zahl 6 spielt hierbei eine große Rolle. Viel Spaß beim Knobeln!

A	B	C	D	E	F	G	H	I	J	K	L	M	N	O	P	Q	R	S	T	U	V	W	X	Y	Z
U	V	W	X	Y	Z	A	B	C	D	E	F	G	H	I	J	K	L	M	N	O	P	Q	R	S	T

QGOT ATJ GHKL	KAIN UND ABEL
GIQKXHGAKX	ACKERBAUER
YINGLNOZK	SCHAFHIRTE
ASNKXFOKNKTJ	UMHERZIEHEND
YINCGIN	SCHWACH
KXYZMKHUXKT	ERSTGEBOREN
FUXTOM	ZORNIG
SGINZMOKXOM	MACHTGIERIG
ATZKXRKMKT	UNTERLEGEN
SGINZRUY	MACHTLOS
KMUOYZOYIN	EGOISTISCH
XAKIQYOINZYRUY	RUECKSICHTSLOS
KOLKXYAKINZOM	EIFERSUECHTIG
GKTMYZROIN	AENGSTLICH
MKLGKNXJKZ	GEFAEHRDET

Anette Töniges-Harms: Kriminalfälle in der Bibel
© Auer Verlag GmbH, Donauwörth

Streng geheim: Der Täter Kain und das Opfer Abel (2)

2. Ordne nun die Begriffe aus Aufgabe 1 (S. 10) den entsprechenden Personen zu.

KAIN	ABEL
ACKERBAUER	SCHAFHIRTE
ERSTGEBOREN	UMHERZIEHEND
ZORNIG	SCHWACH
MACHTGIERIG	UNTERLEGEN
EGOISTISCH	MACHTLOS
RUECKSICHTSLOS	AENGSTLICH
EIFERSUECHTIG	GEFAEHRDET

Steckbrief: Gesucht wegen schweren Betrugs

Vervollständige den Steckbrief mit Hilfe der Lückenwörter.

Gesucht wegen schweren Betrugs

Gesucht wird Jakob, der Sohn von **Rebekka** und **Isaak**.

Sein Bruder heißt Esau.

Er lebte bislang bei seiner Familie, erfüllte dort als **Hirte** und Viehzüchter seine Pflichten.

Jakob wird gesucht, weil er seinen **Bruder** und seinen Vater betrogen hat. Er erschlich sich mit Hilfe seiner Mutter den Segen seines Vaters, der für Esau, den **Erstgeborenen**, vorgesehen war. In jüngster Vergangenheit ist er bereits durch ein weiteres Vergehen aufgefallen. Als Esau, der **Jäger**, eines Tages müde nach Hause kam und nichts zu essen fand, nutzte Jakob diese Situation aus und erkaufte sich für einen Teller Suppe das **Erstgeburtsrecht**, das sehr viel mehr wert war.

Als Tatmotiv nimmt man an, dass er sich nach der **Liebe** und Anerkennung seines Vaters sehnte, die sein Bruder Esau als Lieblingssohn ständig erhielt.

Seit der letzten Tat ist Jakob auf der **Flucht**.

Wo hält er sich auf? Ist er vielleicht nach **Haran** zu den Verwandten seiner Mutter geflohen?

Sachdienliche Hinweise an das Ordnungsamt in Beerscheba.

Eine angemessene **Belohnung** wird von Esau gezahlt.

Lückenwörter: Flucht, Erstgeburtsrecht, Rebekka, Bruder, Belohnung, Isaak, Erstgeborenen, Haran, Hirte, Esau, Jäger, Liebe

---

Esaus Gefühle nach dem Betrug (1)

Die Rechte, die Esau als Erstgeborener besaß, hatte er an Jakob verloren. Daher hasste er seinen Bruder. Die Wut ging so weit, dass er drohte, ihn umzubringen. Rebekka, seine Mutter, hörte davon, rief daraufhin ihren Sohn Jakob zu sich und informierte ihn über das Vorhaben seines Bruders. Sie gab ihm den Rat, von zu Hause wegzugehen, um der Rache seines Bruders zu entkommen. So floh Jakob und zog zu seinem Onkel nach Haran.

1. Hass ist eine starke Abneigung, die ein Mensch einem anderen gegenüber empfinden kann. In diesem Buchstabendurcheinander befinden sich zehn Wörter (senkrecht, waagerecht, diagonal), die mit dem Begriff „Hass" zusammenhängen. Suche die Wörter heraus und schreibe sie auf die nächste Seite in das Bild.

B		Z				B			
I	S		O		O				
T		C		R	S				
T		H		N	H				
E			M	E		A			S
R				E	F				T
K			R	R	T			A	R
E				Z	I	K	C	E	
F	E	I	N	D	S	C	H	A	F	T	E
T					G	E	H		
	N	I	E	D	E	R	T	R	A	C	H	T
			K	A	E	L	T	E	

F	E	I	N	D	S	C	H	A	F	T	E
T			O	H	N	M	A	C	H	T	
N	I	E	D	E	R	T	R	A	C	H	T
	K	A	E	L	T	E					

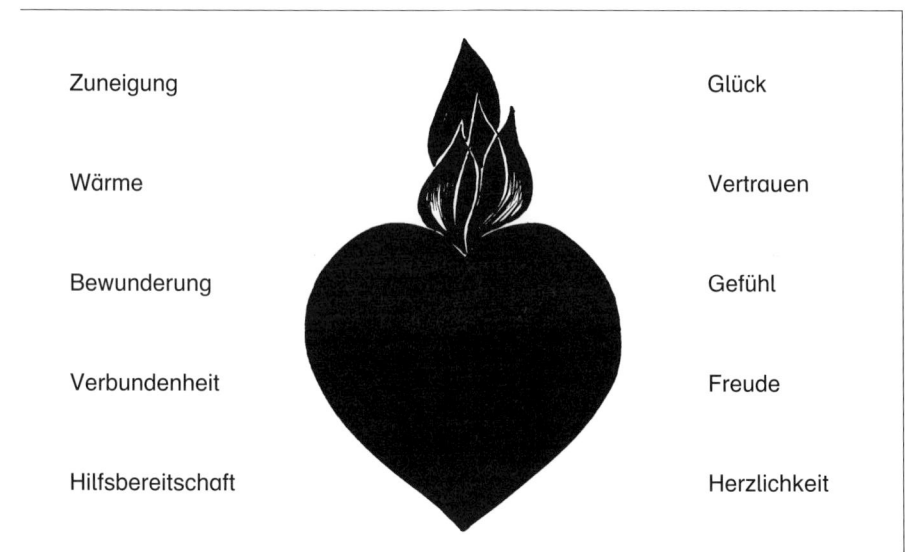

Das Verbrechen: Josef als Opfer eines Menschenhandels

Hier findest du die Aufzeichnung eines Verbrechens. Die einzelnen Abschnitte sind allerdings etwas durcheinander geraten.

Ordne die Sätze und schreibe sie in der richtigen Reihenfolge auf. Das Lösungswort erleichtert dir die Arbeit. Lies eventuell in der Bibel (Gen 37) nach.

- Jakob wohnte bereits viele Jahre mit seiner Familie in Kanaan. Von seinen zwölf Söhnen war Josef ihm am liebsten. **H**
- Eines Tages ließ er ein schönes Gewand, einen Ärmelrock, für Josef machen. Hierüber ärgerten sich Josefs Brüder sehr. **A**
- Außerdem hassten sie ihn immer mehr, da er seltsame Träume hatte. **S**
- Er sagte zum Beispiel zu seinen Brüdern: Ich träumte, wir hätten mitten auf dem Feld Garben gebunden. Meine Garbe richtete sich auf und blieb stehen. Eure Garben aber neigten sich tief vor meiner Garbe. **S**
- Als die Brüder eines Tages das Vieh ihres Vaters bei Sichem weideten, schickte Jakob seinen Lieblingssohn zu ihnen. Er sollte ihm hinterher über die Arbeit seiner Söhne Bericht erstatten. **D**
- Die Brüder, die Josef von weitem kommen sahen, fassten den Plan, ihn umzubringen. **E**
- Ruben, der Einzige, der zu Josef hielt, hörte das Gespräch und wollte ihn retten und zu seinem Vater zurückbringen. **R**
- Er sagte zu seinen Brüdern: Vergießt kein Blut. Werft ihn in die Zisterne in der Steppe. **B**
- Als Josef nun bei seinen Brüdern angekommen war, zogen sie ihm sein schönes Gewand aus, packten ihn und warfen ihn in die Zisterne, in der kein Wasser war. **R**
- Nach der Tat saßen sie beim Essen. Da sahen sie, dass gerade eine Karawane von Ismaelitern aus Gilead kam, die unterwegs nach Ägypten war. **Ü**
- Da zogen sie Josef aus der Zisterne heraus und verkauften ihn für zwanzig Silberstücke. Nach dem Verkauf nahmen sie Josefs Gewand, schlachteten einen Ziegenbock und tauchten es in das Blut. **D**
- Dann schickten sie den Ärmelrock zu ihrem Vater. Jakob erkannte den Rock seines Sohnes. Er sagte: Ein wildes Tier hat Josef gefressen. **E**
- Jakob legte Trauerkleider an und trauerte viele Tage um seinen Sohn. **R**

Esaus Gefühle nach dem Betrug (2)

Streit
Feindschaft
Kälte
Boshaftigkeit
Bitterkeit
Niedertracht
Schmerz
Rache
Ohnmacht
Zorn

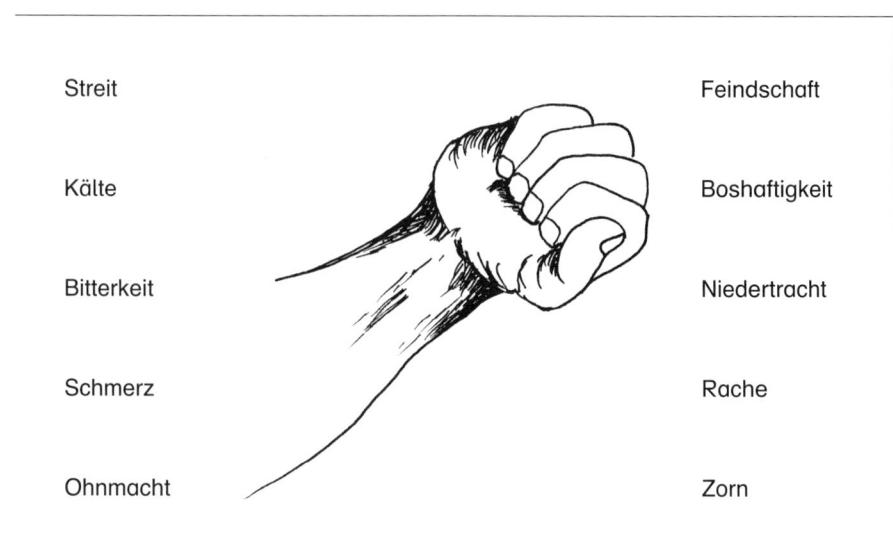

2. Liebe überwindet Hass. Gestalte ein Symbol oder eine Zeichnung zum Begriff „Liebe". Schreibe dann mindestens zehn Wörter um das Bild, die mit dem Begriff „Liebe" zusammenhängen.

Zuneigung
Glück
Wärme
Vertrauen
Bewunderung
Gefühl
Verbundenheit
Freude
Hilfsbereitschaft
Herzlichkeit

Eine tödliche Geschichte

Im Alten Testament wird eine grausame Geschichte beschrieben, in der ein Winzer, der im Wege steht, ermordet wird.
Die folgenden Begriffe spielen bei dem Ereignis eine große Rolle.

1. Versuche die Begriffe allgemein oder mit Hilfe von Beispielen zu erklären.
2. Zeichne ein Bild oder ein Symbol zu den Begriffen.

Begriff	Erklärung	Bild/Symbol
Lüge	Eine Lüge ist eine Aussage, die nicht der Wahrheit entspricht.	(Individuelle Lösung)
Egoismus	Egoismus bedeutet Selbstsucht. Er beschreibt ein Handeln, das am eigenen Nutzen orientiert ist, auch auf Kosten anderer.	(Individuelle Lösung)
Betrug	Betrug ist die Vortäuschung falscher Tatsachen.	(Individuelle Lösung)
Habgier	Habgier ist das rücksichtslose Streben nach materiellen Gütern.	(Individuelle Lösung)
Wut	Wut ist ein intensives Gefühl der Unzufriedenheit über jemanden oder über etwas.	(Individuelle Lösung)
Mord	Mord ist die vorsätzliche Tötung eines Menschen.	(Individuelle Lösung)
Intrige	Intrige ist das Ausnutzen anderer zum eigenen Vorteil.	(Individuelle Lösung)

Das Kriminalarchiv: Josef, das Opfer

Josef wurde zweimal Opfer eines Verbrechens.
Zum einen verkauften seine Brüder ihn. So kam er nach Ägypten und er musste dort zunächst als Sklave leben. Zum anderen war er lange Zeit unschuldig im Gefängnis.
Beide Verbrechen wurden für das Polizeiarchiv in Jerusalem schriftlich fixiert, indem man Begriffe, die mit dem Fall zusammenhängen, dem Alphabet zuordnete.

Schreibe zu möglichst vielen Buchstaben des Alphabets Begriffe auf, die etwas mit der Person Josef zu tun haben.

Thema: Der Fall Josef

A: <u>Aegypten</u>
B: <u>Brüder</u>
C: <u>Charisma</u>
D: <u>Dankbarkeit</u>
E: <u>Ehrlichkeit</u>
F: <u>Freude</u>
G: <u>Gefängnis</u>
H: <u>Hass</u>
I: <u>Intrigen</u>
J: <u>Jakob</u>
K: <u>Kanaan</u>
L: <u>Lieblingssohn</u>
M: <u>Menschenhandel</u>

N: <u>Neid</u>
O: <u>Opfer</u>
P: <u>Pharao</u>
Q: <u>Qualen</u>
R: <u>Ruben</u>
S: <u>Sichem</u>
T: <u>Träume</u>
U: <u>Unschuld</u>
V: <u>Vergebung</u>
W: <u>Wut</u>
X: —
Y: —
Z: <u>Zwölf Söhne</u>

Das Verbrechen: Landraub und Mord (2/3)

a) Nabot: anständig, ehrlich, gesetzestreu, gläubig, pflichtbewusst, selbstlos, standhaft, wahrhaftig, zuverlässig, …

b) Ahab: berechnend, egoistisch, falsch, gottlos, habgierig, machthungrig, missgünstig, neidisch, rücksichtslos, wütend, …

c) Isebel: boshaft, falsch, gerissen, gottlos, habgierig, listig, machthungrig, missgünstig, schlecht, skrupellos, verlogen, …

3. Äußere deine Meinung zu dem folgenden Satz:

> In der Geschichte ist Nabot im eigentlichen Sinne der Mächtige. Ahab und Isebel sind die Schwachen und Machtlosen.

Nabot ist im eigentlichen Sinne der Mächtige, da er mit seinem Leben zufrieden ist. Er achtet das Gesetz, glaubt an Gott und fühlt sich für das Erbe seiner Väter verantwortlich. Er bewirtschaftet pflichtbewusst seinen Weinberg und würde diesen Besitz nie verkaufen. Deshalb geht er nicht auf die Vorschläge ein, die König Ahab ihm macht.

Ahab und Isebel sind die Schwachen und Machtlosen, da sie mit ihrem Leben nicht zufrieden sind. Obwohl sie reich sind, wollen sie immer noch mehr besitzen. Deswegen begeht Isebel ein heimtückisches Verbrechen. Sie veranlasst, dass Nabot, ein unschuldiger und gesetzestreuer Mann, zu Tode gesteinigt wird.

Die Reaktion Gottes (2)

1. Beschreibe die Reaktion Gottes.

Ahabs Familie soll ausgerottet werden. Da Ahab aber seine Tat bereut, wird er nicht bestraft, sondern erst die nachfolgende Generation.

Gott ist also ein Richter, ein Rächer und ein Anwalt der Gerechten.

2. Die Bibel ist im Laufe von vielen Jahrhunderten entstanden. Die Menschen, die die Texte verfassten, versuchten ihre Erfahrungen mit Gott aufzuschreiben. Im Laufe der Zeit wandelte sich das Gottesbild. Schlage die folgenden Stellen nach und schreibe wichtige Merkmale des jeweiligen Gottesbildes heraus.

a) Psalm 40,9–12: Gerecht, treu, hilft dem Menschen, erbarmt sich über ihn

b) Psalm 145,8–9: Gnädig, barmherzig, langmütig und reich an Gnade; gütig zu allen, sein Erbarmen waltet über all seinen Werken

c) Jesaja 66,12–13: Rauschender Bach, Mutter

d) Ijob 36, 22–26: Mächtig, groß, nicht zu begreifen, unerforschlich

e) Mt 20,1–16: Gütiger Gott, der auch die Menschen aufnimmt, die erst später zu ihm kommen

f) Lk 15,11–32: Ein Gott der Liebe, der auch die aufnimmt, die gesündigt haben, wenn sie bereuen und zu ihm zurückkommen

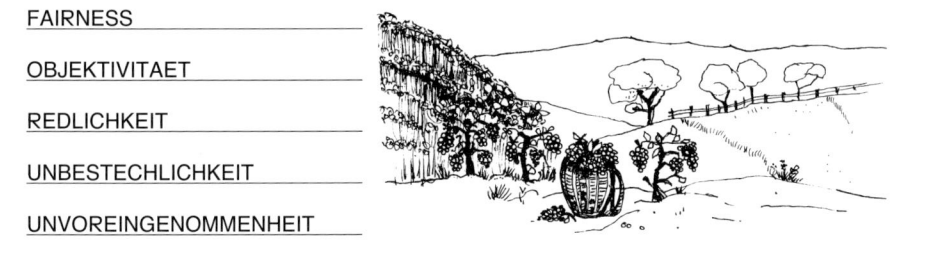

Das Kriminalarchiv: Der Fall Ahab

Die Geschichten um Ahab, den König, der unrechtmäßig Land in Besitz nahm und Nabot ermorden ließ, wurden in der Dienststelle für Kriminalistik in Kanaan nach der unten stehenden Methode archiviert.

Versuche Begriffe oder Sätze aufzuschreiben, die mit dem Fall zusammenhängen und die mit den vorgegebenen Anfangsbuchstaben beginnen.

L	andraub
A	hab
N	abot
D	rohung
R	aub
A	ngst
U	ngerechtigkeit
B	etrug

U	nglück
N	ot
D	elikt

M	issgunst
O	hnmacht
R	ache
D	iebstahl

Die streng geheime Botschaft

In der Geschichte um Nabots Weinberg gibt es zahlreiche Menschen, die schuldig werden. Hier findest du nun verschlüsselte Begriffe zu diesem Bereich. Die Wörter sind von hinten nach vorne abgedruckt und es fehlen die Vokale. Sie wurden durch das Zeichen * ersetzt.

1. Entschlüssele die Geheimschrift und finde zu den Begriffen einen Oberbegriff!

a) GN*G*L**THC*N*B   BENACHTEILIGUNG
b) THC*RN*   UNRECHT
c) GN*LH*FR*V   VERFEHLUNG
d) N*HC*RBR*V   VERBRECHEN
e) *DN**S   SUENDE
f) T**KG*THC*LHCS   SCHLECHTIGKEIT
g) R*LH*F   FEHLER
h) HC*RBSTHC*R   RECHTSBRUCH
i) N*H*GR*V   VERGEHEN
j) GN*ZT*LR*VTHC*LFP   PFLICHTVERLETZUNG
k) GN*T*RTR*B**   UEBERTRETUNG
l) TK*L*D   DELIKT

Oberbegriff: UNGERECHTIGKEIT

2. Suche mindestens fünf Begriffe, die zu den Wörtern in Aufgabe 1 einen Gegensatz bilden.

FAIRNESS

OBJEKTIVITAET

REDLICHKEIT

UNBESTECHLICHKEIT

UNVOREINGENOMMENHEIT

Die grausame Schlacht (2)

1. Warum siegte David?

David siegte, weil er an Gott glaubte und ihm vertraute. Er ging davon aus,

dass Gott ihm in dieser schwierigen Situation beistehen würde.

Weiterhin war er mutig und hatte keine Angst vor dem mächtigen Goliat.

Er war außerdem klug und er nutzte ganz geschickt die einfachen Hilfsmittel,

die er hatte.

2. David steht in der Geschichte stellvertretend für das Volk der Israeliten und Goliat stellvertretend für das Volk der Philister.
Schreibe Eigenschaften auf, die man den Israeliten und den Philistern zuordnen kann.

Die Israeliten	Die Philister
– Volk, das noch nicht lange im Lande lebte	– Volk, das bereits lange im Lande lebte
– Glaubte an Gott	– Heiden
– Den Philistern unterlegen	– Den Israeliten überlegen
– Keine professionellen Waffen	– Professionelle Waffen
– Ohne Macht	– Mächtig
– Kein Ansehen unter anderen Völkern	– Hohes Ansehen unter den Nachbarvölkern

Die Bedrohung durch die Feinde (3)

2. Trage die Aussagen über David und Goliat stichpunktartig in die Tabelle ein.

David	Goliat
Jung	Stark
Tapfer	Groß
Klein	Kampfbereit
Listig	Übermächtig
Mutig	Vorkämpfer
Schafhirte	Erfahrener Krieger
Erschlug Löwen und Bären	Schwere Ausrüstung
Glaubte an Gott	Glaubte nicht an Gott
Vertraute auf Gott	Verhöhnte Gott
Hatte keine Ausrüstung	
Besaß eine Steinschleuder	

David und Batseba (2)

1. In der Bibel wird berichtet, dass David in mehrfacher Weise schuldig wurde. Beschreibe die einzelnen Begebenheiten.

   <u>David ließ durch seinen Boten eine verheiratete Frau in seinen Palast bringen und schlief mit ihr. Er wollte anschließend seine Tat verheimlichen und sie Urija, ihrem Ehemann, unterschieben.</u>

   <u>Als sein Vorhaben misslang, veranlasste er, dass Urija an vorderster Front kämpfte. So sollte er im Krieg sterben.</u>

   <u>Sein Plan ging auf, da Urija dort den Tod fand.</u>

2. Stelle dir vor, die Geschichte nähme einen anderen Verlauf. Urija, der Mann Batsebas ginge nach dem Gespräch mit David nicht zu seinen Männern, sondern zu seiner Frau Batseba. Was könnte dann passieren? Setze die Geschichte fort.

   (Individuelle Lösung)

David – ein Mann mit Licht- und Schattenseiten

David, eine Heldenfigur im Alten Testament, wurde mit 30 Jahren König von ganz Israel. Er schlug die Philister, eroberte Jerusalem und machte diese Stadt zum religiösen Mittelpunkt. Das ganze Land blühte auf und hatte wirtschaftliche Erfolge.

In der Bibel werden aber nicht nur die positiven Seiten des Helden David geschildert. David wird als ein Mann dargestellt, der auch Schattenseiten hat.

In diesem Buchstabenlabyrinth sind 13 positive und 13 negative Eigenschaften seiner Person senkrecht, waagerecht oder diagonal versteckt. Suche sie heraus und kennzeichne sie mit unterschiedlichen Farben.

		T	A	P	F	E	R	H	V			E	G	O	I	S	T	I	S	C	H
	G		A					I											H		E
	E		L					N	R			B	E	S	O	N	N	E	N		L
Z	S		S	W				T				C	I						I		D
O	C		C	O	E			T				H							M		E
R	H		H	R	R			H				A	T						T		N
N	E		T	T				A				R	E						Ü		H
	I		G					Ä	R			F	L						N		C	A
G	T		E					R				T	I						C	K	F
			W					T				S	E						I	T
H	A		A					I					D							
	S		N	G	K							N	E						S	
		S		D	L							N	R						C	O
		E	T	T								U	I	T	H				
B	E	G	A	B	T	F						U	L	T					
					R		Ü					G	B R	Ö	Ä				M	S	C	H	Ö	N	B
S	C	H	U	L	D	I	G		L				I	T				U	E H			O
			W												G	A		M	Ä	C	H	T	I G		S
				Ü								T									H
									E		N					F		D	A	U	F	B	R	A	U	S	E	N	D
																			M	U	S	I	K	A	L	I	S	C	H
U	N	E	R	S	C	H	R	O	C	K	E	N							

Literaturangaben

Einheitsübersetzung der Heiligen Schrift: Die Bibel (Gesamtausgabe). Katholische Bibelanstalt, Stuttgart 1982

Salzmann, B.: Kriminalgeschichten der Bibel. Deutsche Bibelgesellschaft, Stuttgart 2003

www.wikipedia.org

Gottes Strafe für David (2)

1. Natan erzählte David eine Geschichte. Rahme diese mit einem farbigen Stift ein, lies sie noch einmal durch und schreibe auf, was Natan David mit dieser Geschichte sagen wollte.

   Der Reiche in der Geschichte entspricht König David in der Realität.

   Der Arme ist sein Krieger Urija und das Lamm steht für Urijas Frau.

   In der Geschichte nahm der Reiche von einem Armen ein

   Lamm, obwohl er selber genug besaß. In der Realität nahm König

   David sich die Frau des Kriegers Urija, obwohl diese verheiratet war.

2. Beschreibe die Reaktion Davids und die Reaktion Gottes.

   König David erkannte, dass er gesündigt hatte. Er zeigte Reue.

   Daraufhin vergab Gott ihm seine Sünden. Sein Sohn wurde aber

   schwer krank und starb.

3. Suche dir einen Partner/eine Partnerin. Schreibt gemeinsam zu der Geschichte ein Rollenspiel.

   (Individuelle Lösung)

Vielfältige Impulse für Ihren Unterricht!

Anette Töniges-Harms
Frauen im Alten Testament
Material- und Aufgabensammlung für die Sekundarstufe I

176 S., DIN A4, kart. Best.-Nr. **3912**

Das Alte Testament erzählt die Geschichte Gottes mit den Menschen von Anbeginn der Zeit. Es sind bewegende Geschichten von Schöpfung und Untergang, Flucht und Verheißung, Liebe und Eifersucht, Krieg und Frieden. In all diesen Erzählungen spielen Frauen eine besondere Rolle. Stehen sie auch oft im Schatten ihrer Männer, ist doch ohne sie die Geschichte des Volkes Israel undenkbar: Sara bringt Isaak zur Welt, den Stammvater der Juden, Ester rettet das jüdische Volk vor dem Untergang und Debora führt Gottes Volk zu einem langen Frieden. Die Schüler/-innen lernen anhand von Informationsblättern, Briefen, Rollenspielen, Rätseln, eigenen Recherchen, Textpuzzles und weiteren vielfältigen Arbeitsaufgaben. Alle Materialien sind als Kopiervorlagen konzipiert und direkt im Unterricht einsetzbar.

Anette Töniges-Harms
Rätselsammlung Religion

Die geheimnisvolle Welt der Bibel
Sekundarstufe I

88 S., DIN A4, kart. Best.-Nr. **3195**

Biblische Themen im Religionsunterricht interessant und spannend zu gestalten – dies ist das Anliegen des Bandes. Die Formen der Rätsel sind ganz unterschiedlich: Dominos, Puzzles, Geheimschriften, Morsealphabet etc.

Die Themen:
- Neues Testament (Kindheitsevangelien, Gleichnisse, Wunder, Leiden und Auferstehung Jesu)
- Altes Testament
- Feste und Heilige
- allgemeine und außergewöhnliche Bereiche der Bibel

Anette Töniges-Harms
Spielesammlung zur Bibel
12 Spiele kreuz und quer durch die Bibel für die Sekundarstufe I

104 S., DIN A4, kart. Best.-Nr. **3591**

Die Spiele dieser Materialsammlung machen es Lehrerinnen und Lehrern leicht, ihre Klasse für biblische Inhalte zu gewinnen und ermöglichen einen vergnüglichen und lebhaften Umgang mit zentralen Personen, Orten und Geschehnissen des Alten und Neuen Testaments. Die Themenauswahl ist vielfältig: So wird z. B. der Inhalt des Markusevangeliums mit Hilfe eines Würfelspiels oder das Leben des Paulus durch ein Lottospiel erarbeitet. Bestens geeignet für den Einstieg in neue Themen, zur Wiederholung und Vertiefung, aber auch für Freiarbeit oder Vertretungsstunden. Methoden- und Themenvielfalt werden gesteigert – und langweilig wird es nie!

Auer BESTELLCOUPON Auer

Ja, bitte senden Sie mir/uns

____ Expl. Anette Töniges-Harms
Frauen im Alten Testament Best.-Nr. 3912

____ Expl. Anette Töniges-Harms
Rätselsammlung Religion
Sekundarstufe I Best.-Nr. 3195

____ Expl. Anette Töniges-Harms
Spielesammlung zur Bibel Best.-Nr. 3591

mit Rechnung zu.

Bequem bestellen unter:
Telefon: 01 80 / 5 34 36 17
Fax: 09 06 / 7 31 78
E-Mail: info@auer-verlag.de

Bitte kopieren und einsenden an:

**Auer Versandbuchhandlung
Postfach 11 52
86601 Donauwörth**

Meine Anschrift lautet:

_____
Name/Vorname

_____
Straße

_____
PLZ/Ort

_____
E-Mail

_____
Datum/Unterschrift

Kreative Impulse für die Unterrichtsgestaltung

Religionsunterricht mit Lebensbezug und Tiefe!

Kreative Impulse für die Unterrichtsgestaltung

Sigrid Weiner
Der Islam
Einführung in Religion –
Kultur – Brauchtum
192 S., kart., mit farbigen Abb.
Best.-Nr. **3665**

In Deutschland leben viele Muslime – doch was wissen wir von ihrem Glauben und ihrer Kultur?
Der Islam bestimmt das Denken gläubiger Muslime, gibt der Lebensweise eine bestimmte Ordnung und ist gleichzeitig auch weltpolitische Kraft. Dieser Band bietet eine wertneutrale Darstellung der verschiedenen Facetten muslimischen Lebens und erläutert auf diese Weise, wie Muslime in der Familie, im Religionsunterricht oder in der Koranschule lernen. Das Buch enthält eine detaillierte, sachliche und fundierte Einführung in Religion, Kultur und Brauchtum des Islam – zur ersten Information, aber auch als Grundlage für den Unterricht.

Erika Wailzer
Jesus Christus
Materialien für Regelunterricht
und Freiarbeit
in der Sekundarstufe I
108 S., DIN A4, kart.   Best.-Nr. **3592**

Kinder und Jugendliche für die Person und die Botschaft des Jesus von Nazaret begeistern!
Der Band führt die Schüler/-innen durch eine ausgesprochene Themen- und Methodenvielfalt an die Gestalt Jesus Christus und die jüdische Welt, in der er lebte, heran. Hierfür eröffnet die Autorin in insgesamt 9 Kapiteln zahlreiche Lernwege, die durch Arbeitsblätter, Lernspiele, Rätsel u. Ä. einen abwechslungsreichen Unterricht ermöglichen.

Ilse Gretenkord
Engel
Materialien für den Religionsunterricht
in der Sekundarstufe
Mit Kopiervorlagen und farbigen Abb.
64 S., DIN A4, kart.   Best.-Nr. **4432**

Engel sind für Schüler/-innen spannend und machen sie neugierig. Dennoch werden die Himmelsboten nur selten systematisch im Unterricht behandelt.
Die Autorin hat die Unterrichtstauglichkeit der Thematik entdeckt und stellt hier Engel im Alltag und in der Werbung vor, sie geht auf Engel in der Bibel und in der Theologie ein und spart auch gefallene Engel nicht aus.
Für die Auseinandersetzung mit diesem spannenden Themengebiet bietet der Band unterschiedliche Möglichkeiten wie Bildbetrachtung, Textanalyse und -produktion, eigene Recherche oder Rollenspiele. Kopierfähige Arbeitsblätter verringern Ihren Arbeitsaufwand. Die vielfältige Text- und Bildauswahl garantiert abwechslungsreiche Unterrichtsstunden.

Auer   BESTELLCOUPON   Auer

Ja, bitte senden Sie mir/uns

____ Expl. Sigrid Weiner
Der Islam   Best.-Nr. **3665**

____ Expl. Erika Wailzer
Jesus Christus   Best.-Nr. **3592**

____ Expl. Ilse Gretenkord
Engel   Best.-Nr. **4432**

mit Rechnung zu.

Bitte kopieren und einsenden an:

**Auer Versandbuchhandlung
Postfach 11 52
86601 Donauwörth**

Meine Anschrift lautet:

_____
Name/Vorname

_____
Straße

_____
PLZ/Ort

_____
E-Mail

_____
Datum/Unterschrift

Bequem bestellen unter:
Telefon: 01 80 / 5 34 36 17
Fax: 09 06 / 7 31 78
E-Mail: info@auer-verlag.de